おいらん淵　山梨県甲州市を流れる「おいらん淵」を有する柳沢川の激流。戦国時代に55人もの遊女が殺された。

おいらん淵　遊女たちが落ちたと推定される柳沢川の谷底。この周囲で怪奇現象がいまも相次ぐ。

おいらん淵の上部に架かる藤尾橋。
禁足地である。

八甲田山 | 八甲田山中に建つ、後藤伍長がモデルの雪中行軍遭難事件の記念像。
この周囲で怪奇現象が頻発している。

八甲田雪中行軍遭難事件において
犠牲者が多発した鳴沢。

御積島　山形県酒田市の沖合、御積島にある
呪われし洞窟・オガミの開口部。

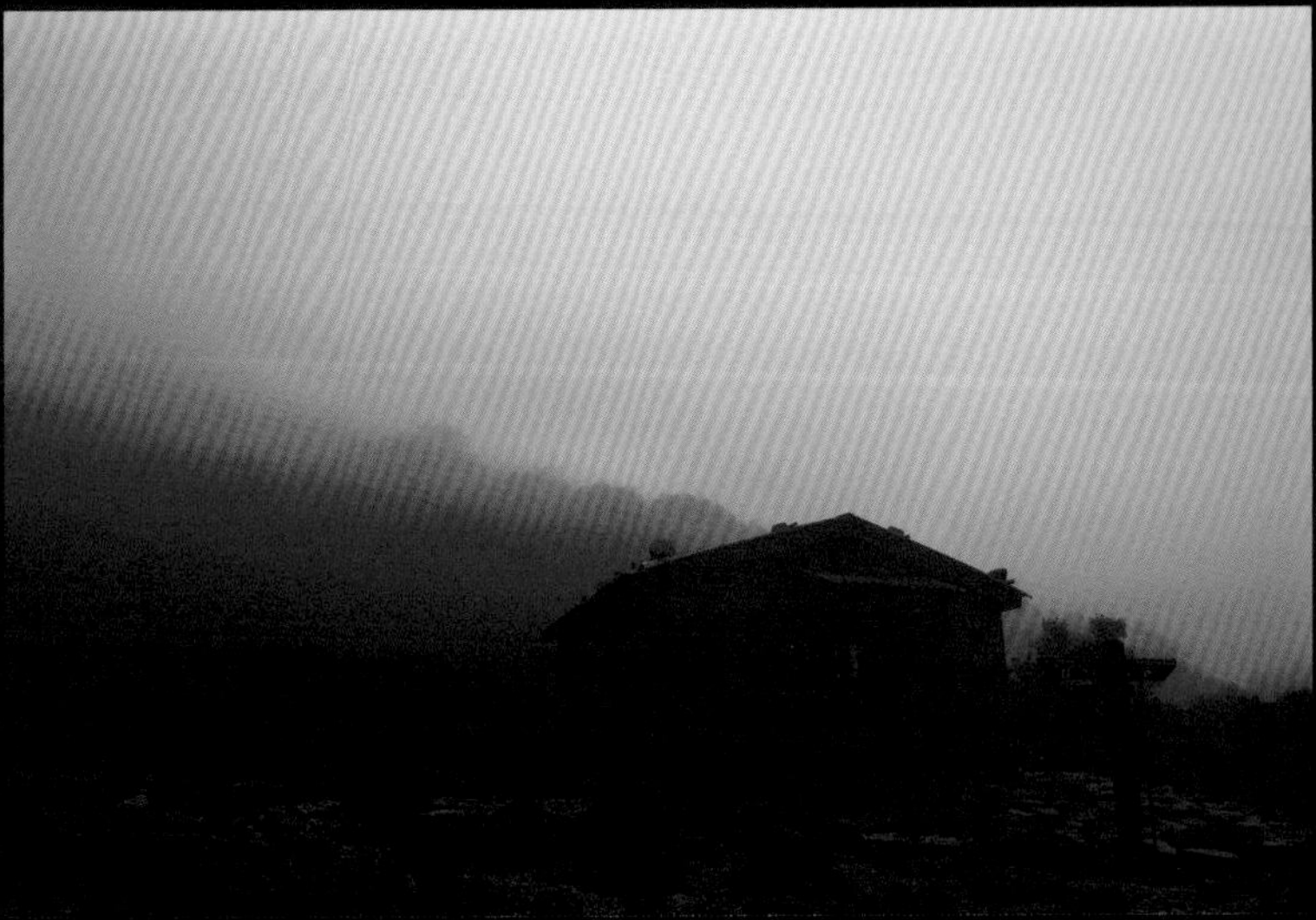

空木平避難小屋｜怪奇現象が相次ぐ中央アルプスの
空木平避難小屋。

空木平避難小屋の内部。
かつては遭難者の遺体安置所だった。

八幡の藪知らず｜千葉県・本八幡の市街地にある八幡の藪知らず。入れば神隠しに遭うと伝わる。

平将門の首塚｜東京・大手町にある平将門の首塚。無作法者に祟りが降りかかる。

オソロシドコロ | 対馬のオソロシドコロと呼ばれる表八丁郭。
禁忌を破ると命を奪われると伝わる。

腹切りやぐら | 鎌倉幕府滅亡に際し自刃した北条氏一族衆を
供養する腹切りやぐら。

首塚大明神　京都市西京区にある酒呑童子の首塚。
柵のなかに踏み入った者は祟りに遭う。

八王子城跡　霧のなかで佇む八王子城本丸跡の祠。
落城の日には戦の雄たけびや馬の嘶きが聞こえるという。

実話禁忌集

異怪地録

並木伸一郎◉監修

竹書房

目次

入れば無事では済まない最恐怨霊禁所 93

不敬な来訪者に祟りをもたらす聖なる禁足地　149

『実話禁忌集　異怪地録』発刊によせて

洋の東西を問わず、歴史の多くは勝利者のものである。歴史実はひとつであるべきであるにもかかわらず、時代の権威者の意向に即して歴史が変容（＝改ざん）することは決して珍しいことではない。そうして伝承されてきた歴史のはざまに潜むように、史実として伝えられない異怪なる出来事が数多起きている。時に常識すら超えた異界なる出来事を人々は忌み、畏れ、歴史の闇に封じてきた。だからと言って、そのすべてが封印されてしまったわけではない。人の口から口へ、親から子へ、またその子へと、人知れず口伝されてきたのだ。〝ネットロア〟という言葉がまだ存在しない古《いにしえ》の時代から、そうやって伝承は紡がれてきたのだ。

本書では怪しく謎めいた伝奇・伝承が潜む異界なる〝場所〟に着目し、4つのテーマにわけて紹介。語り伝えられてきた異聞録の深淵に潜む真相を読み解いていく。その根底にある真実を発見する一助になれば幸いである。

並木伸一郎

日常と隔絶した異界の島々

日本列島には14125個もの島が存在する。そのなかには伊豆大島や淡路島のような人々の暮らしがある有人島もあれば、環境や文化が隔絶された島々もある。なかには誰も立ち入ることのできない禁足地となっている島や、不気味な恐怖スポットを有する島も——。そうした異界ともいうべき島々へご案内しよう。

大神島 *Ōgami-Jima*

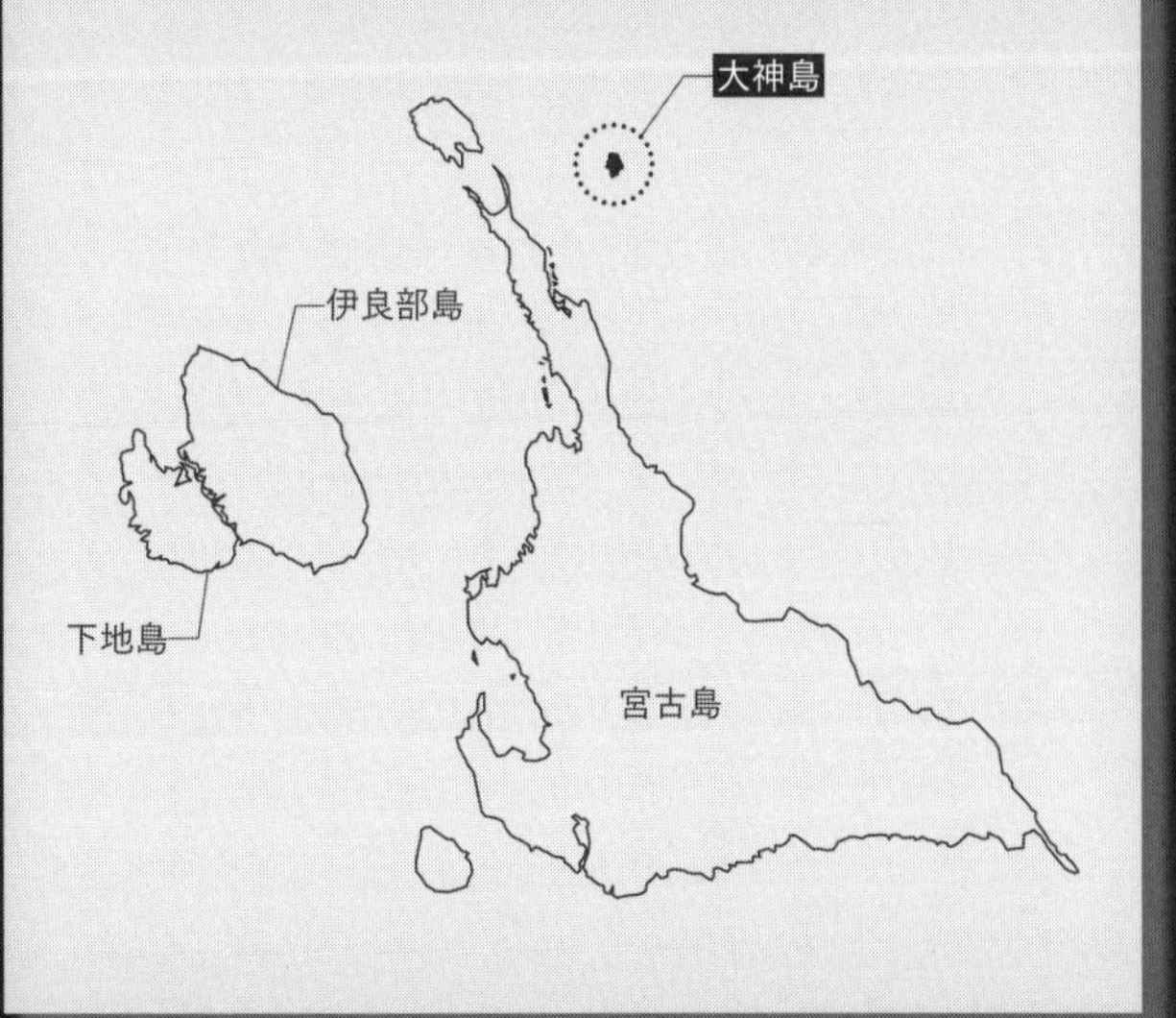

Location
沖縄県
宮古島市

聖域に入ると祟られる神の島

宮古島の北約4キロメートルにある周囲2キロメートルほどの有人島。島民わずか22人しかおらず、集落は港がある島の南側に集中している。島の周囲にはサンゴ礁が発達し、浸食で根元が細くなった奇岩・ノッチが点在している。

回 島じゅうが禁足の聖域

沖縄本島から南西に300キロメートルほど離れた海上に宮古列島がある。一番大きな宮古島のほか、伊良部島や下地島など8つの島が連なる島しょ群だ。

そのなかのひとつに大神島《おおがみじま》がある。島の周囲はわずか2キロメートルほどしかなく、8つの島々のなかでももっとも面積が小さい島だ。それでも、いちおう20人ほどが暮らす有人島である。1日4便の定期船が宮古島本島から出ており、片道わずか20分、大人ひとり370円の運賃で行くことができる。

このとおり、人も住んでおり定期船も運行されていることから、この島自体がとくに禁足地ではない。しかし、島の大半のエリアは、聖域として部外者の立ち入りが禁じられているのだ。それればかりか、場合によっては島民でさえも近づかない場所もあるという。

この島では集落が南側に集中しているが、それ以外のエリアはもはや異界なのだ。そもそも大神島という名前自体が、「一番尊い神様が鎮座する島」という意味であり、地元では「神が棲む島」と考えられている。異界の一部に人が住むことを許された場所がある、という考え方のほうがより正しく状態を表わしているのかもしれない。

大神島の禁足地は、島内にある3つの「御嶽《ウタキ》」が関係している。御嶽とは簡単に記せば、琉球神道における神事や行事が行なわれる神聖な場所のことだ。2000（平成12）年に「琉球王国のグスク及び関連遺産群」のひとつとして世界遺産に登録された、沖縄本島の南城市にある斎場御嶽《セーファーウタキ》がもっとも有名である。

3か所といっても、なにしろ東京ドーム5個ぶんほどの面積しかない小さな島である。集落以外の場所はほぼ聖域だ。島の中央部に観光スポットの大神島遠見台があるが、ここ以外はほとんどが禁足地といってもいい。恐ろしいのは、3つの御嶽がそれぞれ島のどの部分にあるのか、島民以外には知らされていないこと。聖域の詳細を公表することは、島民にとって厳格に自制されているのだ。そのため、遠見台へ至る登山道からもしルートを外してあちこち歩き回ったりでもすれば、聖域を侵すことにもなりかねない。

そうした門外不出の聖域だが、島外から来る部外者はもちろん、祭りが行なわれるときは、島民でさえも近づかない。

祭りとは、大神島の御嶽で行なわれる「祖神祭《うやがん》」と呼ばれる祭祀のことだ。これは女性だけで行なわれる秘められた神事であるため、部外者はおろか島民でさえ完全男子禁制。たとえ参加者の女性の家族であっても、どんな儀式を執り行なうかといった祭りの内容すら知らされることはない。そのため、祭りの全貌はいまもって公表されていないという奇祭なのだ。

万にひとつでも部外者が近づくことがないようにということだろうか、この祭りのあいだは、観光客は遠見台へ行くことができない。祖神祭の最中は、この島そのものが非日常に包まれた異界になるのである。

回 数多く伝わる祟りの逸話

大神島が異界めいた地であることを示すエピソードがほかにもある。島の海岸線にはいくつもの巨岩が立っているのだが、この岩はひとつひとつが神とされている。かつて海岸沿いに道路をつくる際、島の人々がすべての岩が神だと主張し、道路計画に異議を唱えた。結果、道路は岩を壊さないように曲げてつくられたのだ。この島では、島民や観光客にとって便利な道路よりも、神様が優先されるのである。

またこの道は当初、島を一周する計画だった。しかし、工事の途中で病人や重機の故障が続出し、入院して死亡する工事関係者も出た。そのため、計画が未達成のまま、島の東部から北部にかけての一部区間がつながっていないのだという。

では、観光客が島の大半を占める禁足地に勝手に立ち入ったりでもすれば、いったいどうなってしまうのか。

じつは過去に大規模な祟り事件があった。昭和の初め頃、この島に、かの海賊キャプテン・キッドが財宝を隠したという伝説がまことしやかに囁《ささや》かれたことがあった。一攫千金

上空から見た大神島の全景。手前側の海沿いに
わずかに人が住むエリアがある以外はほとんどが禁足地である。

集落と大神島遠見台をつなぐ観光用の遊歩道。
両脇の茂みは侵入禁止だ。

を狙ったお宝目当ての人々が大神島に集まった挙句、地面を掘りだすために重機までもが持ち込まれた。すると、重機が動かず工事が進まないトラブルが頻発。さらに原因不明の病にかかった人が続出し、彼らは宝探しをあきらめ退散していった。以来、聖域を荒らす不届き者は訪れなくなったという。

ただSNSが流行してきた近年、来島者のなかには、聖域に踏み込み、さらに写真を撮って公表する人もいるらしい。言語道断の行ないだが、その人は島を出たあとも、無事に日常を過ごせているだろうか。

島への旅行ブログや紀行サイトなど見ていると、遠見台で急に記憶が途切れ、気づいたときには血だらけだった、などという物騒な記述も見つかった。原因不明だそうだが、登山道から外れずに歩き禁足地には一切踏み入ってもいなかったらしい。なんの禁忌も犯していない観光客にもこの仕打ちと考えると、御嶽に踏み入って撮影や配信をしようものなら、どんな目に遭うかわかったものではない。

大神島の異界っぷりを強調したが、観光客向けのシュノーケルツアーを運営するなど、島民は部外者でも歓迎してくれている。島内散策をしたい場合でも、地元の方が案内に付いてくれるガイドツアーもある。ガイドを頼めば、誤って聖域に踏み込むことは避けられるうえ、万にひとつでも、前述のように急に卒倒し出血するなど何か不測の事態が起きたとしても、対処してくれるだろう。

沖ノ島 *Okino-Shima*

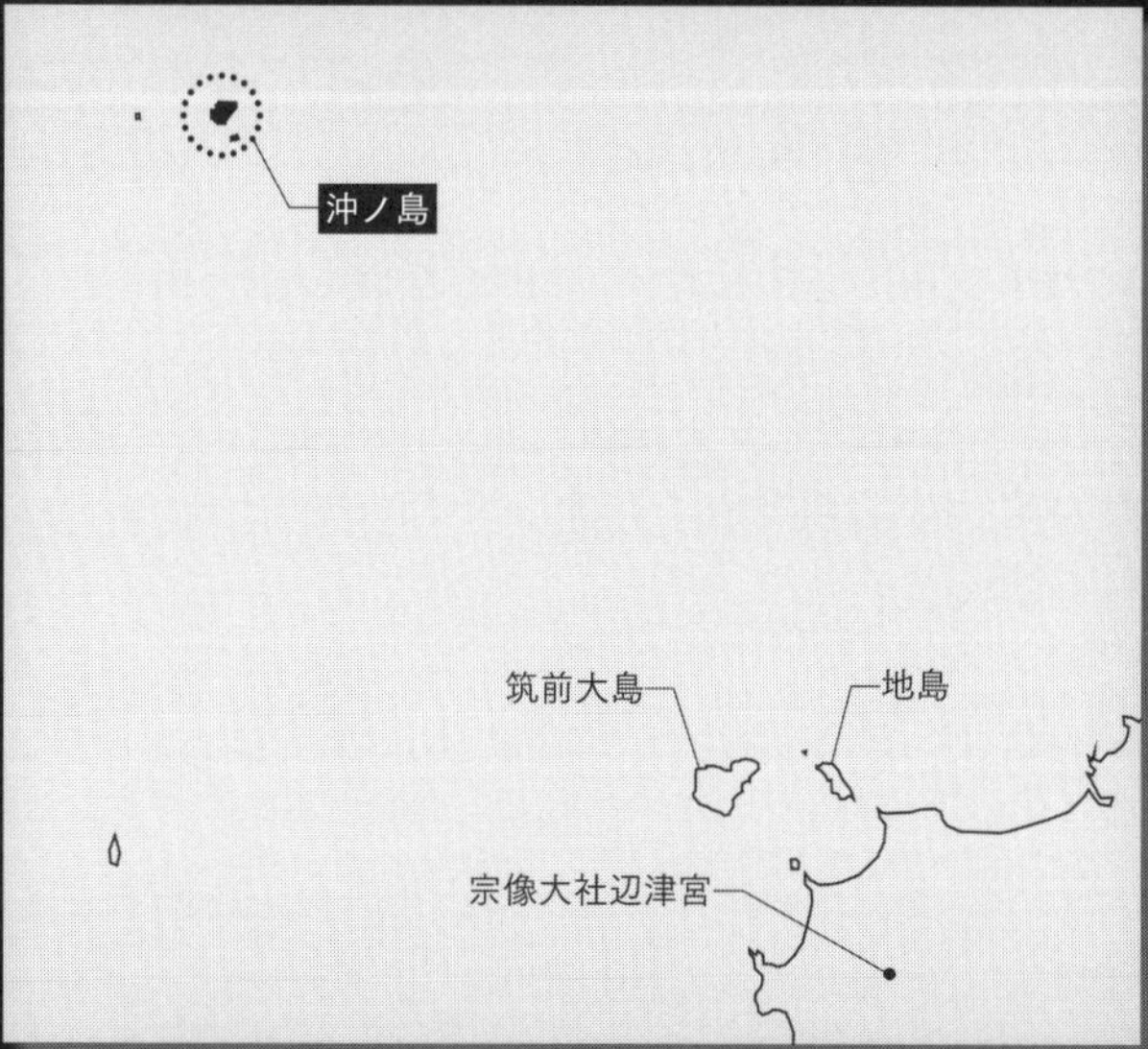

Location
福岡県
宗像市

一般人は立入禁止の完全禁足島

九州本土から約60キロメートル北側、玄界灘に浮かぶ周囲4キロメートルの島。宗像大社の沖津宮があり、一般人は立ち入りが禁じられている。2017(平成29)年、「神宿る島」宗像・沖ノ島と関連遺産群のひとつとして、世界文化遺産に登録された。

島全体が禁足地

玄界灘のほぼ中央、九州本土から60キロメートルほど離れた海上に、禁足地・沖ノ島は存在する。ここは島の一部区画が立ち入り禁止というわけではなく、島全体が禁足地。なんと神職など一部の限られた人間以外は入島できないのだ。さらに女人禁制でもある。

一般人の入島を想定していないので、フェリーなどの公共交通手段もなく、当然住んでいる島民もいない。まさに絶海の孤島といえる。

では、なぜ沖ノ島がこれほどまでに特別な扱いになっているのか。

じつはこの島には、宗像大社の宮のひとつである沖津宮《おきつぐう》があり、島全体がまるごと神域になっているのである。

福岡県宗像市にあるこの宗像大社は、じつは3つの宮からなる神社だ。普段多くの人が「宗像大社」と呼び参拝に訪れる九州本土の神社は、そのうちのひとつである辺津宮《へつぐう》。そのほか、本土から6・5キロメートル離れた大島に中津宮《なかつぐう》があり、それらに沖ノ島の沖津宮を含めた全体の総称が宗像大社というわけである。

この3つの宮にはそれぞれ宗像三女神の田心姫神《たごりひめのかみ》(沖津宮)、湍津《たぎつ》姫神《ひめのかみ》(中津宮)、市杵島《いちきしま》姫神《ひめのかみ》(辺津宮)が祀《まつ》られ、宮は一直線上に配置されている。沖ノ島と筑前大島を結んだ線の延長線上に辺津宮を造営したのだろう。3つの宮の一体性をもたせる特別な意図がうかがえる。

国家的祭祀の神域

沖ノ島は「海の正倉院」と呼ばれるほど、価値ある遺物が多く出土する。

日本と朝鮮半島のちょうど中間に位置することから、古来、周辺海域を航海する人々にとって海上の標識となっていたり、ときには漁業基地として使われたりもしていた。縄文土器や石器なども出土している。

さらに4世紀後半になり、大和朝廷と朝鮮半島にある百済《くだら》が活発な交流を行なわれるようになると、沖ノ島はさらに特別な場所となっていく。両者の交流の成就や、航海の安全などを祈念する大規模な国家的祭祀が催されるようになったのだ。この祭祀は4世紀頃から10世紀初頭までの約500年にわたって続けられてきた。

そうした歴史の証拠として、戦後に行なわれた発掘調査によって、島内で23か所もの祭祀遺跡が見つかり、これまでに10万点に及ぶ奉納品が出土。金製指輪や金銅製馬具、金銅製龍頭など、国宝に指定されている出土品も多く、そのため海の正倉院と呼ばれているのである。

入島時の厳格な禁忌

現在、沖ノ島に入ることができる人は限られている。10日間交替で沖津宮に奉仕している、宗像大社の関係者である神職のほか、神社側に特別な許可を得た人のみだ。

それは清掃奉仕を行なう地元青年団や、文化財や自然を管理する自治体関係者、灯台と携帯電話アンテナの保守点検を行なう作業員のほか、政治的な参詣団など、限られた人たちのみが事前に許可を得て入島が認められる。過去には、2012（平成24）年に宗像大社が招聘《しょうへい》した世界遺産登録専門家会議の外国人研究者が上陸した。その3年後には福岡で開催されたイコモス（国際記念物遺跡会議）総会に合わせ役員が入島を認められたほか、報道陣の一斉上陸も認められた。

選ばれし者しか上陸できない島だが、彼らも島内で自由にしていいわけではない。入島に際しては厳格な掟《おきて》が存在するのだ。

上陸前には御前浜という場所で、全裸になって海に浸《つ》かり、禊《みそぎ》をして身を浄《きよ》めなければならない。また、島からは一木一草一石に至るまで一切のものを持ち出してはならない、島内で四足の動物の肉を食べてはならない、などの掟もある。これらの禁忌を破った者がどんな目に遭うか、もちろん関係者から怒られ以後出入り禁止くらいにはなるだろうが、神宿る島の掟を破ったともなれば祟りが降りかかるかもしれない。（持ち出し禁止については

宗像大島にある宗像大社沖津宮遙拝所。
入島不可の沖ノ島を参拝する場所だ。

2007年5月に撮影された、
沖ノ島に鎮座する沖津宮

天然記念物であるからという側面もある。これは沖ノ島に限らず、どこの天然記念物も同様、持ち出しは法律違反だ）

また、「不言様《おいわずさま》」という島の別称があるが、これも掟を表わしている。島内で見たり聞いたりしたものは、一切口外してはならないのだ。これも古くから連綿と受け継がれた伝統であり、いまも効力がある（学術調査などは例外）。

これほどまでに厳重に管理された禁足地だが、じつは２０１７（平成29）年まで禁足の掟が解かれ、一般人が入島できる日が存在した。

それは「沖津宮現地大祭」が催される5月27日。このとき、抽選で選ばれた２００名の男子が入島を許可されていたのである。ちなみに沖津宮現地大祭とは、かつてこの島の近くの海域で勃発した日本海海戦――東郷平八郎指令長官が率いる日本海軍連合艦隊がロシア海軍のバルチック艦隊を撃破した戦い――その戦没者を慰霊する祭祀である。

この祭りに応募し、運がよければ上陸できたが、２０１７年の世界遺産登録にともない、同年から一般人の入島が禁じられて現在に至る。聞くところによると、かねてより問題だった違法上陸対策を強化するにあたり、一般人の参加をいったん中止にしたということらしい。行きたい人にとっていまは残念だが、いずれなんらかのルール変更があるかもしれないことを祈りつつ待つほかないだろう。

御積島 *Oshaku-Jima*

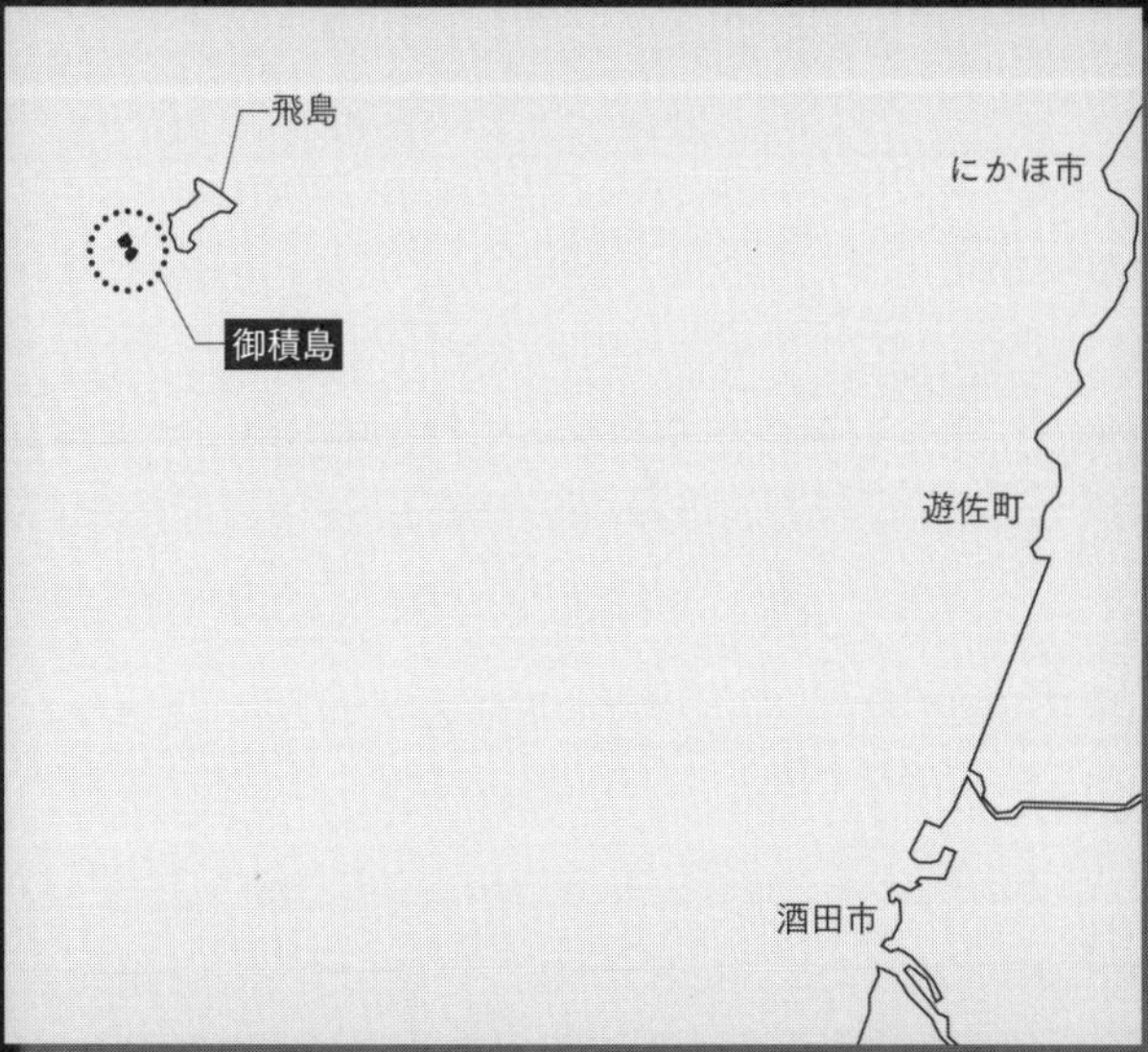

Location
山形県
酒田市

得体の知れぬ龍が棲む伝説の島

山形県酒田市にある飛島から約2キロメートル西側にある無人島。「飛島ウミネコ繁殖地」として国の天然記念物に指定されている。釣りのほかスキューバダイビングスポットとして人気を集めている。

回 祟りの石が実在する飛島

日本海に面し、北前船で栄えた港町・山形県酒田市から定期船に乗って約75分沖合いへ行くと、飛島《とびしま》に着く。本土から約40キロメートル離れた海上に位置する、山形県唯一の有人離島だ。毎年多くの人が釣りや海水浴、バードウォッチングなどを楽しみに来島する。

観光客が多く訪れる有人島だが、じつはこの飛島のなかには謎めいた場所が数多く存在する。もっとも不気味なのが、島の南西部に位置する「賽《さい》の河原」。拳大ほどの大きさの丸い石がごろごろと大量に海岸に積まれているのである。古来、死者の魂が集まる場所と島民からは信じられており、積まれた石が崩れても、いつの間にかもとに戻ると伝えられている。

この賽の河原にある丸石は、持ち出し厳禁。持って帰ると恐ろしい祟りに見舞われるといわれている。実際、2007(平成19)年9月の山形新聞に、賽の河原の石を持ち出した米沢市在住の老夫婦が、帰宅したその日から体調を崩し入退院を繰り返していたため、石と1万円の浄化料が定期船の管理会社に送りつけられてきた話が掲載されている。実際、年に1、2度は石を持って帰った石を送りつける者がいるらしい。彼らは果たして、どんな目に遭ったのだろうか。

それ以外にも、源平合戦で敗れた平家の落ち武者たちがここ飛島に落ち延びたときの塚と伝わる「源氏盛・平氏盛」もある。海上輸送で潤った平家は、源氏に敗れたあとも海に活路を求め、追手から逃げながら船で北上し飛島に漂着。船中で最後を遂げた仲間を葬り、甲冑や漁具に持ち替えた刀剣などを埋めたのが、この場所だそうだ。

ほかにも、島の南東部に突き出た舘岩に刻まれた謎の古代絵文字「刻線刻画石」や、平安期の土器や人骨が出土し、古来神聖視されてきた不思議な洞窟「テキ穴」など、謎めいたミステリースポットが多数存在している。

龍神の棲む島

この飛島から西に約1キロメートルの海上に、御積島《おしゃくじま》という島がある。飛島から遊覧船で15分ほどで行けるため、釣り人からは人気の高い場所だ。

この御積島は、別名「龍神の棲む島」と呼ばれ、船乗りたちの信仰を集めてきた。そのため、かつては島全体が女人禁制の聖地であったが、現在では女性も上陸することができる。

この島の龍神信仰についての記録は、庄内藩の島役人で飛島へ赴任した佐藤梅宇《さとうばいう》が、幕末に記した『飛島図面』にさかのぼる。

——閑居和尚という禅僧が、尾神と呼ばれる島に上陸を試みたが失敗を繰り返し、やっと三度目に成功した。上陸してみると、そこには大きな洞窟があった。洞窟のなかへと足を踏み入れると、洞窟の岩肌がでこぼこしていて、まるで鱗のようだった。さらに金色であることにも驚いた。和尚は、金色の龍を踏んでしまったのではないかと錯覚した――

実際、ここに記されている描写と同じように、御積島は岩場のような地形で、奥行きが50〜60メートルもある、巨大で細長い洞窟がある。この洞窟は地元ではオガミと呼ばれており、飛島の勝浦地区にある遠賀美《おがみ》神社のご神体が最奥部にある。

入り口は一般的な洞窟と変わらないが、奥に入るにつれ、『飛島図面』の描写を思い出させるような光景が待っている。でこぼこした地面や壁が金色に輝いているのだ。これは「龍鱗」と呼ばれている。

この龍鱗、いったいなんだろうか。

このオガミの壁や地面にあるものは、もちろん龍の鱗などではない。じつは、現在も御積島に約2万羽も生息しているウミネコの糞なのだ。金色に輝いて見えるのは、ウミネコの糞に含まれるリン成分によるものだったのである。

◎いまだ残る怪奇な謎

御積島の信仰は前述のとおり科学的な説明がついているが、そうとも言い切れない怪奇

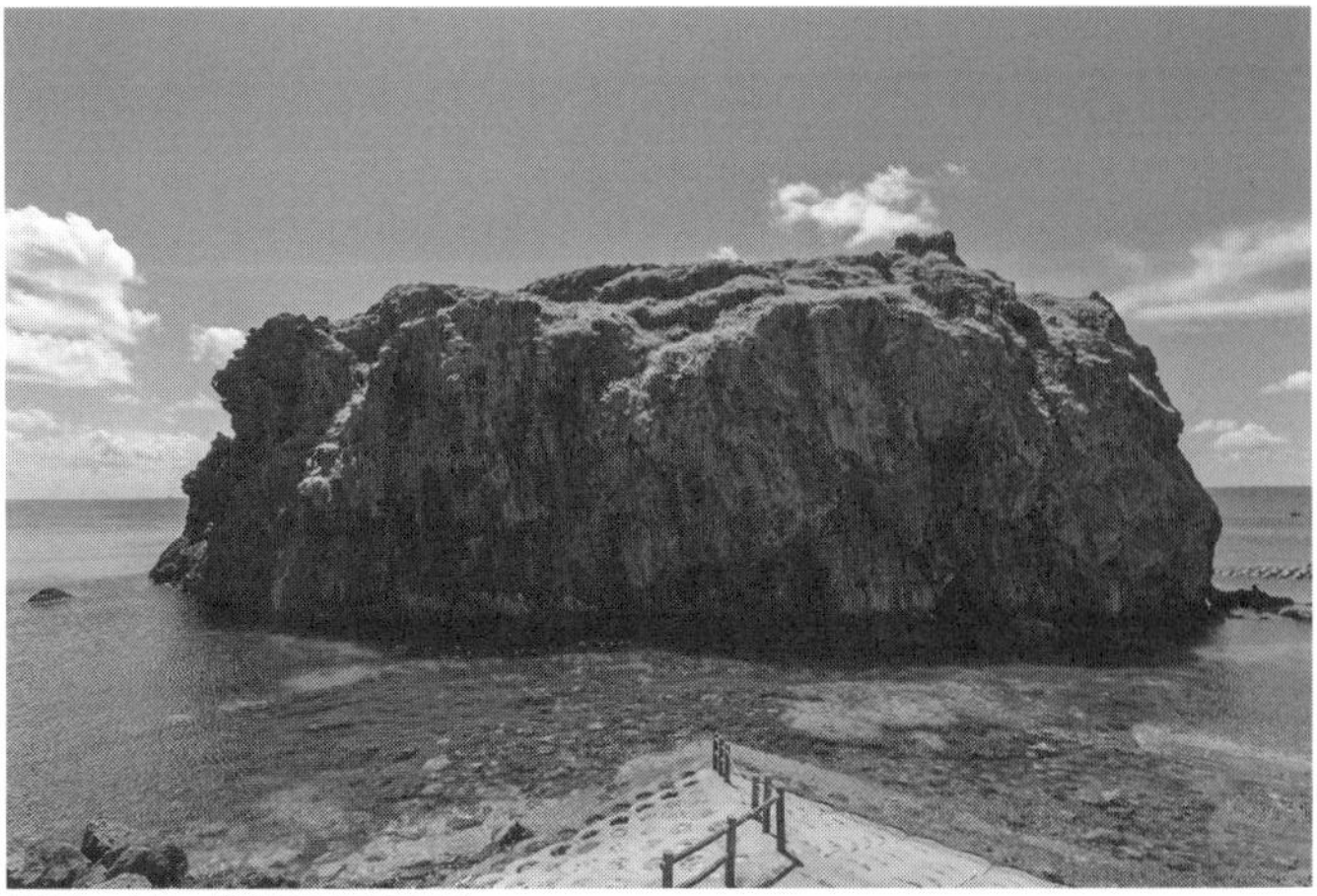
御積島の全景。断崖絶壁が立ちあがり、
人が住む環境ではない。

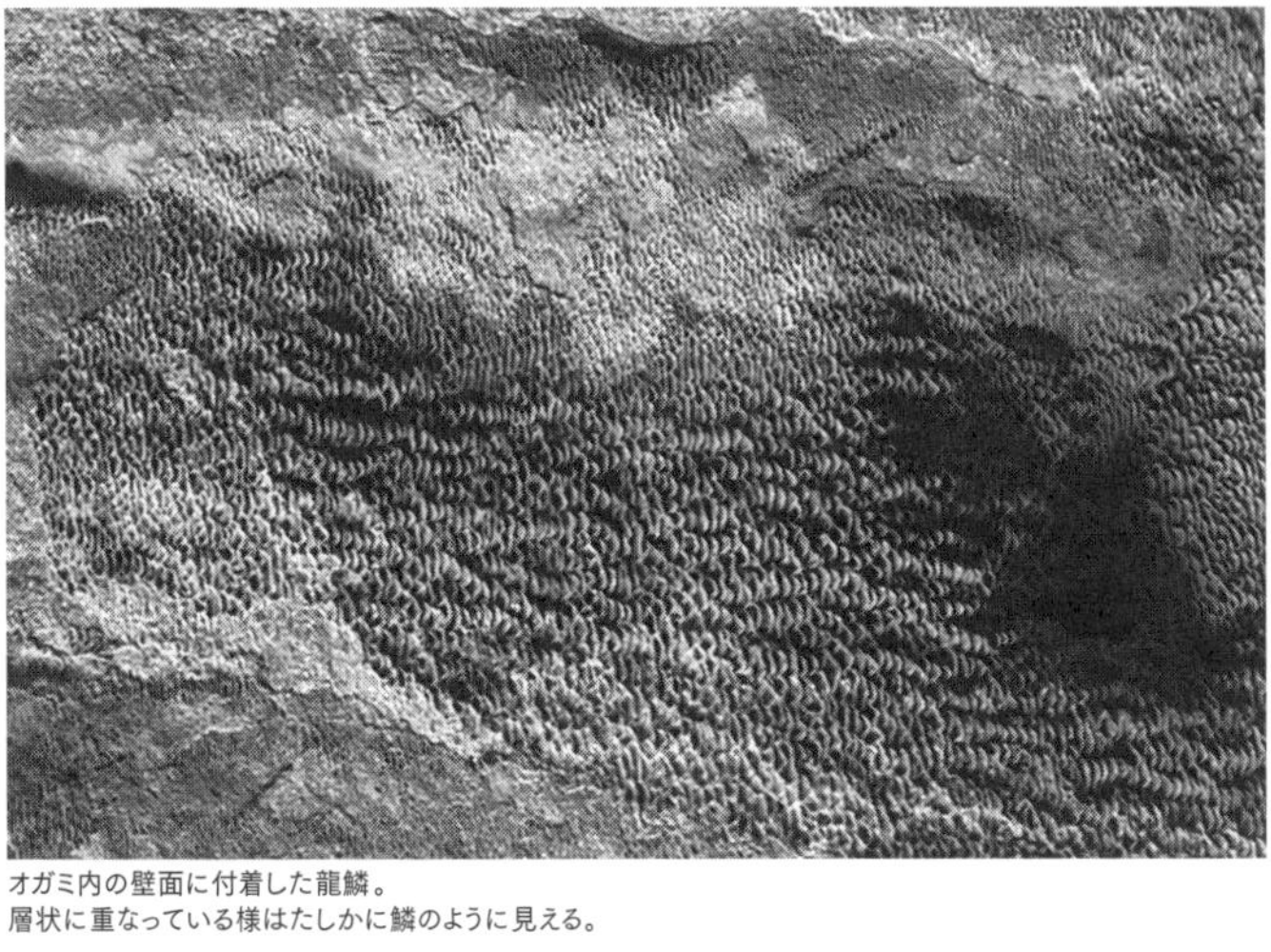
オガミ内の壁面に付着した龍鱗。
層状に重なっている様はたしかに鱗のように見える。

現象の話も伝わる。かつて女人禁制だったころ、女性に男装をさせてオガミを見にきたところ、洞窟に入った途端女性が失神したとか、5、6メートルほどもある大きな黒い影のような何者かがオガミの奥で壁面に身体を打ちつけていたなど、ここでの体験談は枚挙に暇がない。

それだけではない。いまも解明不明なミステリーもこの洞窟内には存在するのだ。オガミの最奥部には大きな海水のプールがある。そこの中央に遠賀美神社のご神体とされる、直径5、6メートルほどの巨大な丸い岩が置かれている。

この岩がどのようにしてこの場所にあるのか、じつは皆目見当もつかないのである。たとえば、オガミの細長い構造を考えると、これほどの大きな岩が狭い洞窟の内部へ、波に流されて自然に転がり込んできたとは考えづらい。では、人の力でここまで運び込んだのかといえば、それも現実的ではないだろう。何十トンもある岩を、重機もない時代に人力だけで洞窟の奥まで運べたとはとうてい思えないのだ。

金色に輝く壁の正体が龍の鱗ではなかったにしろ、科学では解明されていない別の存在がいまだに潜んでいるかもしれない——そう思わせてくれる謎めいた異界が、この御積島の洞窟なのである。

彦島 *Hiko-Shima*

Location
山口県
下関市

古代シュメール文字が発見された謎の島

本州最南端にあり、山口県下関市とつながった陸繋島。島の3方を関門海峡に囲まれている。島内には重工業地帯が広がっており、2万人を超える人口を有する、有人島の人口の多さでは日本有数。

回 古代シュメール人のペトログラフが発見

本州と九州のあいだを隔てる関門海峡。ここに突き出るような形で、異界めいたミステリー島・彦島《ひこしま》はある。島とはいっても、埋め立てによって下関市本土とつながった陸繋島《りくけいとう》なので一見すると島とは判別しづらいかもしれない。東側には、宮本武蔵と佐々木小次郎が決闘した巌流島《がんりゅうじま》を有する船島が200メートルほどの海を隔てて隣接している。

この彦島、関門海峡に突き出ているという立地から、古くから海上交通の要衝として重宝されてきた地である。『日本書紀』や『吾妻鏡《あづまかがみ》』にも島名が散見されるほか、『平家物語』においては、壇ノ浦の戦いに際し平家方の本陣が敷かれた、平家最後の砦となった島だ。

このように日本史と深く関わりを持っている島だが、じつは世界史にも重要な関わりがあるかもしれない。じつは非常にミステリアスな歴史的遺物が発見されているのだ。

はじまりは大正期のことである。

島の東側には杉田丘陵という小高い丘があった。前述の巌流島を見下ろすことができる場所だ。ここは古くから「恐れの杜《もり》」と呼ばれ、禁足地として恐れられていた。

この丘の頂上には、古くから「祟り岩」と呼ばれている1メートルほどの大きな岩があったが、1924(大正13)年、この岩に不思議な文様が刻まれているのが見つかったのだ。

絵とも文様ともつかなかったが、のちにそれを調べたところ、なんと古代シュメール遺跡から発掘されたものとそっくりだったことが判明したのである。

こうした文様が刻まれた石を、ペトログラフという。「ペトロ」はギリシア語で岩石、「グラフ」は文字や文様を意味する。つまり岩石に刻まれている文字や文様のことだ。世界的に見れば、古いもので1万年ほど前の旧石器時代にまでさかのぼる。

◎紀元前2000年前の古代言語か

昭和に入るとさらなる発見があった。

開発が進むにつれて、杉田丘陵の岩からは合計30個のペドログラフが見つかったのだ。ここはまるで世界遺産のストーンヘンジのように、巨石が円状に配置された、なんらかの祭祀遺跡で、「彦島神殿」ともいうべき聖なる場所だったと考えられている。

また、杉田丘陵に隣接した三菱重工業の下関造船所の造成の際には、ペトログラフが刻まれた岩が10個も見つかっている。

一説によると、これらのペトログラフは、シュメールやバビロニアのセム語系や北方ツングースのエニセイ文字系のものが入り混じったものであるらしい。また、年代はほかの出土品がないため断定しづらく、文字を見ると紀元前2000年から紀元後300年頃とバラつきがある。紀元前2000年当時は、日本列島ではまだ農耕もはじまっていない縄文時代であるが、もしこの数字が正しければ、当時から文字を使う人が日本列島にいたことになり、歴史の定説が覆《くつがえ》ることになる。もしかしたら古代シュメール人がこの時代に日本へ渡来し、我々日本人の祖先になったのかもしれない。

さらにこれらのペトログラフをめぐって、怪しい出来事も起きている。

前述の下関造船所の工事で出てきた10個の岩のうち、いくつかを山陽小野田市のとある家が庭石用にもらい受けた。だが、家の人が原因不明の体調不良に見舞われたり、やがて家自体もなくなるような良からぬことが相次いで起きたため、岩の祟りを疑って調べてみたところ、ペトログラフが4個見つかった。どうやら濡れた靴などをその岩に乗せて乾かしたりしていたようで、この岩の祟りを思い至ったそうだ。

また、それ以外にも「泳ぐ岩」というにわかには信じがたい超常現象も起きている。

前述の下関造船所と巌流島。ここは200メートルほどしか離れていないが、この海の底をいつも動き回っていた岩があったという。船の進水式のたびにその岩がひとりでに泳いできて邪魔をするので、「あの泳ぐ岩は何かの神霊の宿るもの。祟りのないよう引き揚げてほしい」と、大岩をわざわざ海底から引き揚げる騒ぎになったらしい。

この泳ぐ岩は、1982(昭和57)年4月に彦島八幡宮の境内に運ばれた。また、山陽小野田市にあった岩も同神社に置かれ、いまも見ることができる。

雄島 *O-Shima*

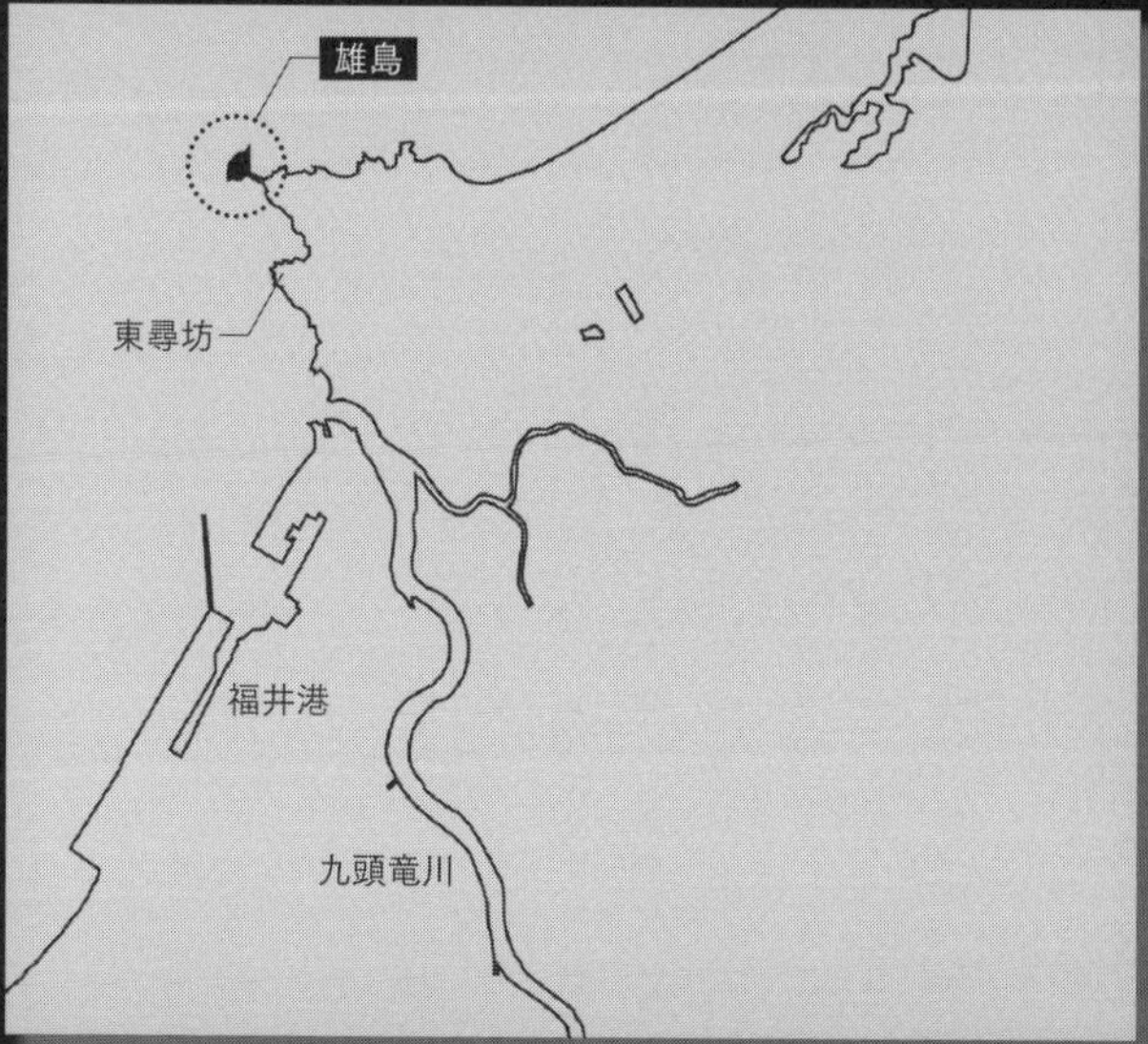

Location
福井県
坂井市

東尋坊の自殺者遺体が流れ着く異界島

東尋坊がある越前海岸の先に浮かぶ周囲約2キロメートルの無人島。安島漁港から雄島橋が架かっており徒歩や自転車でも行ける。全体が流紋岩質であり、東尋坊同様に発達した柱状節理を見ることができる。

回 自殺の名所にある神の島

日本には自殺の名所といわれる場所は数多くあれど、そのなかで1、2位を争う地名度を誇るのが、福井県坂井市三国町にある東尋坊《とうじんぼう》であろう。高さ20メートル以上の断崖に日本海の荒波が激突する光景が、1キロメートルにもわたって延々と続く光景は見る者を圧倒する迫力だ。もし断崖のうえから落下すれば、固い岸壁に衝突して命の保証はなく、もしよしんば一命を取り留めたとしても、押し寄せる荒波によって溺れてしまうだろう。この迫力から、崖から飛び降りる人が相次いだため、自殺を思いとどまらせる看板や句碑、救いの電話が置かれているほか、地元有志による声かけ活動なども行なわれている。

この東尋坊も日常生活からかけ離れた異界といえる材料をじゅうぶんに備えているが、じつはその目と鼻の先にもっと異界と呼ぶにふさわしい場所がある。

それが、東尋坊の崖からわずか1キロメートルほど離れた先にある雄島《おしま》である。

周囲わずか2キロメートルという小さな島で、赤い欄干《らんかん》の雄島橋で本州と結ばれ誰でも渡ることができる。雄島の中心部には大湊神社があり、草木に覆われた島は全体が神社の敷地だ。神社には、源 義経《みなもとのよしつね》が家臣の兜を奉納した、明智光秀《あけちみつひで》が訪れて漢詩を詠んだなどの伝承が残っており、歴史好きも多く立ち寄る。また、島を一周する形で遊歩道が設けられているため、小一時間ほどもかからず散策できる。

死者が蠢く不穏な噂

島を一周する際にひとつだけ、気をつけなければならないことがある。それは必ず時計回りに周る、ということだ。なぜならこの島には、「反時計回りに周ると、死の世界に導かれる」という奇妙な言い伝えがあるのだ。死の世界に導かれるとは、文字通り「死ぬ」ということだろうか。

それ以外にも、雄島には不穏な噂が囁かれている。島内の公衆トイレで、個室の外に誰もいないにもかかわらずノックする音が聞こえる、雄島橋を歩いているときに橋の下から這い上がろうとするかのようにたくさんの手が出てくる、など心霊体験の噂が枚挙に暇《いとま》がない。

荒れ狂う日本海を渡る雄島大橋。
奥の雄島には大湊神社の鳥居が見える。

こうした心霊現象が多発するのは理由があるらしい。一説によると、東尋坊で投身自殺した人の遺体が流れ着くのが、この雄島だからだともいわれている。だから、怨念を抱えた彼らの霊が雄島に溜まってしまい、いまもいろいろな現象を巻き起こすとされているのだ。自殺者の怨霊が巣食う恐怖の島といった趣きだが、じつはこれらの噂は、信憑性に欠ける側面もあるらしい。

自殺者の遺体は、必ずしも雄島に流れ着くわけではないようだ。地元警察によると、雄島の近くから飛び降りた人の遺体は雄島近くで上がるが、南にある東尋坊の崖から飛び降りた人の遺体は、どこかへ流れずに東尋坊近くで上がることが多いという。

また、「反時計回りに周ると、死の世界に導かれる」という言い伝えも眉唾かもしれない。なぜなら、神社に勤める神職の方が島を掃除するとき、反時計回りで島を一周することもあるそうなのだ。そのときも別段、悪いことが起きたことはないという。

ちなみに、雄島のなかには「爪割りの水」という、夏でも枯れない湧水や、方位磁石を狂わす磁石岩など不思議なスポットもある。こうした謎めいた雰囲気や、１３００年を超える神社の幽玄な佇まい、そして昼間でも薄寒いほどの神秘的な鎮守の森の神秘性が相まって、心霊スポットとしての噂が形づくられていったのだろう。

神津島 *Kōzu-Shima*

Location
東京都
神津島村

伊豆諸島創生神話を伝える禁足地有する島

伊豆諸島のひとつで、東京都から約１８０キロメートル離れた海上に浮かぶ。表砂漠・裏砂漠と呼ばれる砂地の景観が有名。標高５７２メートルの天上山登山や飛び込みもできる赤崎遊歩道が人気の観光地。

回 最高峰の山頂付近にある「不入ガ沢」

東京都を日本地図上で見ると、東西に平べったい形状をしているが、じつは〈縦に長い〉という捉《とら》え方もある。太平洋上に東京都に属する島しょ部が、南北に長く連なっているからだ。伊豆大島や新島をはじめとする伊豆七島や本土から約1000キロメートルも南に位置する小笠原諸島が、そうした都内の島にあたる。都内とはいえ、広大な海に囲まれた島々は大都会・東京のイメージとはまったく異なる表情を見せている。

そうした島しょ部のなかに神津島《こうづしま》がある。伊豆諸島の有人島のなかではもっとも西に位置し、1700人ほどが暮らしている火山島だ。

島の最高峰にあたる標高572メートルの天上山《てんじょうさん》は、過去の噴火によって形成された溶岩ドームで、平坦な山容が特徴だ。木々もほとんどなく開けた山頂部には複数の池があり、その南西部には「表砂漠」「裏砂漠」と呼ばれる大規模な砂地が独特の景観を形づくっている。

この天上山に、何人たりとも踏み入ることが許されない禁足地が存在する。

それは山頂部の北側にある窪地。一見すると周囲の荒涼とした景観と変わらないただの空き地に見えるが、じつは「不入ガ沢《はいらない》」と名づけられた、れっきとした神聖なる禁所である。

いったいなぜここが禁足地となったのだろうか。その理由は、神津島のみならず伊豆七島の成り立ちが関わっていた。

◎伊豆七島の水配りが行われた地

この不入ガ沢は、伊豆七島の創生神話である「水配り神話」の舞台となった場所だと言い伝えられている。水配り神話のあらましは以下の通りだ。

——昔、伊豆諸島のそれぞれの島を治める神が、諸島の中心である神津島で会議をした。おもな議題は、水を島々のあいだでどのように分配するかということであった。だが、命の源である水をみなおいそれと譲ることができず、結論はまとまらなかった。そこで、議長である神津島の神が、翌朝に早いものの順で分配していくことを提案した。

明くる朝、もっとも早く来たのが御蔵島《みくらじま》の神だった。次いで新島《にいじま》、三番目は八丈島、四番目は大島で、最後が利島《としま》の神であった。

左側にあるのが不入ガ沢。
普通の窪地のように見えるが、神聖なる禁足地である。

ほかの神々に分配されて残りわずかになってしまった水を見た利島の神は、怒り狂って池に飛び込んで暴れ回った。そのとき、残っていた池の水が四方八方に飛散していったため、神津島は水が豊富な島になった――

以上が水配り神話のあらましだ。この神話になぞらえた水配り像も神津島港に置かれている。

この神々が集まって会議が行なわれ、さらに利島の神が暴れた池が、この不入ガ沢なのだ。そのため、神聖な場所として立ち入りが固く禁じられているのである。

神話の舞台ともなればよほど厳重に境界が張られているのだろうと思うが、前述したとおり一見すると周囲の景色とあまり違わないただの窪地。とくに柵なども設けられておらず、登山道の横に緩やかな傾斜の窪地が広がっているだけだ。そのため入ろうと思えば入れてしまうかもしれないが、島々の文化に深く根差した大切な場所なので侵入は厳禁と肝に銘じておきたい。

一説によると神津島は昔、神話のとおり神が集うという言い伝えから「神集島」と記されていたそうだ。それが「神ツ島」になり、いまの神津島に転じたといわれている。

煙島 *Kemuri-Jima*

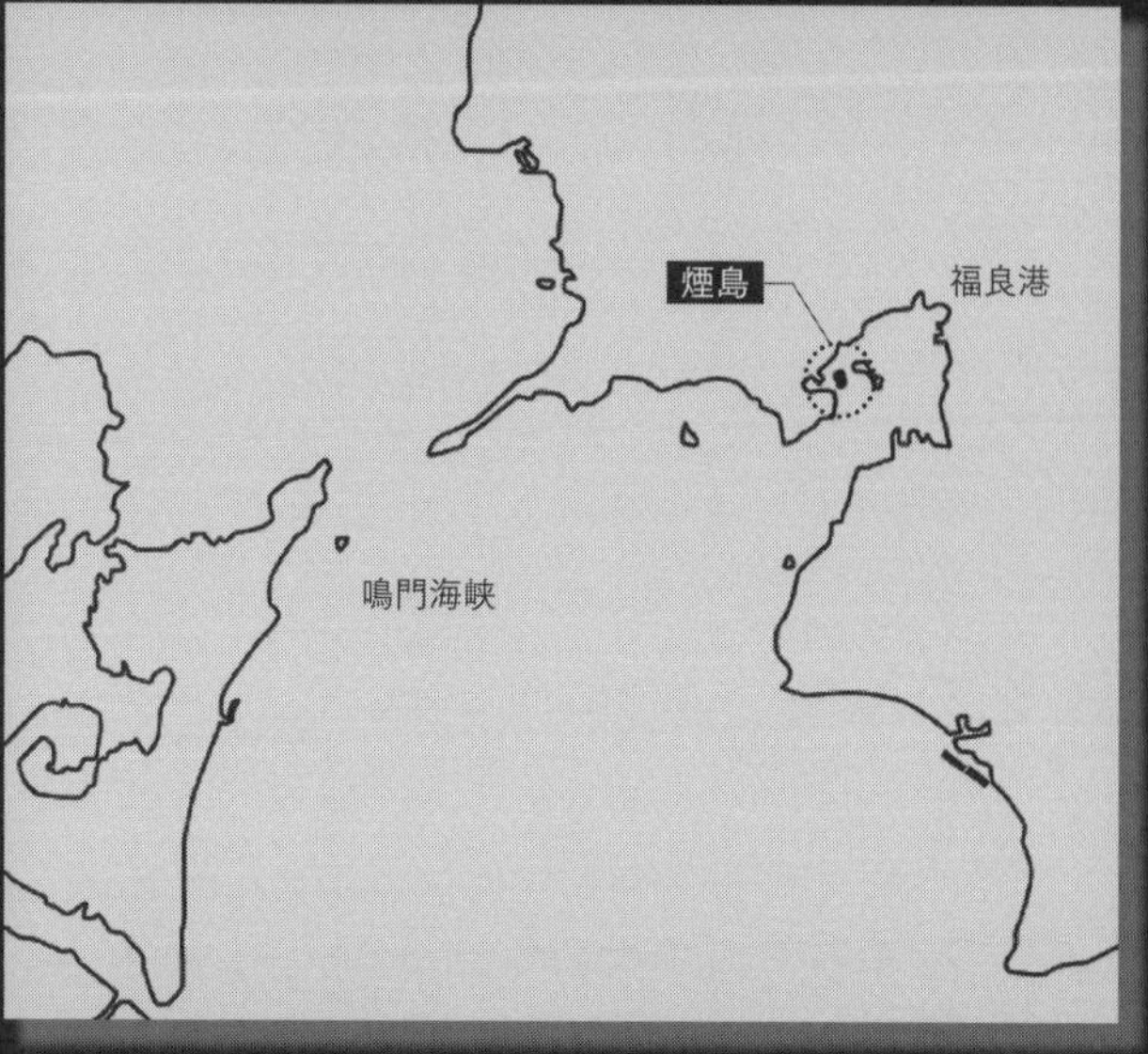

Location
兵庫県
南あわじ市

平敦盛の首塚が鎮座する禁足島

淡路島の南端近く、福良湾の中ほどに浮かぶ無人島。広島県宮島にある厳島神社の分社と平敦盛公首塚がある。禁足地だが、神社の祭礼に合わせ、神職のほか淡路人形座員などが上陸し参拝している。

平敦盛の首塚の島

徳島県鳴門市から、世界最大級の渦潮を見ることができる、かの有名な鳴門海峡を挟んだ反対側に淡路島がある。

この淡路島側における鳴門海峡側の海の玄関口が、南あわじ市に属する福良《ふくら》湾である。鳴門市からも観光客向けのうずしお観潮船が出ているが、淡路島側から渦潮を見るにはここ福良が拠点で、うずしおクルーズが発着する。

この福良湾のなかに、お碗を伏せたような半円形のこんもりとした島がある。周囲わずか400メートルほどの小さな無人島・煙島《けむりじま》だ。

この島、じつは地元の人ですら踏み入れることのない禁足地になっている。

その理由は、この島に平敦盛《たいらのあつもり》の首塚が祀られているからだ。

平敦盛は平清盛《きよもり》の甥。源平合戦において、須磨・福原(現在の神戸の沿岸部)で起こった一ノ谷の合戦で命を落とした若き武将である。源氏方の奇襲作戦で劣勢になった平家一門は海上の船へ逃げ込もうとした。源氏方の武将・熊谷直実《くまがいなおざね》は、馬に乗ったまま船へ向かう敦盛を呼び止めて組み落とし、首を斬ろうとした。しかし、非常に美しい武将だったために一瞬ためらったものの、「なんぢがためにはよい敵ぞ」と自ら潔く散ろうとする敦盛に応じ、首を斬った。

自分が討ち取った若武者を哀れに思った直実は、平清盛の弟・経盛《つねもり》の末子敦盛だと知り、首を経盛のもとへ届けさせた。

そのとき、平家一門は屋島《やしま》へ向かう途中で福良港に仮泊していた。首を受け取った一門は、湾内に浮かぶ小島で首を荼毘《だび》に伏したのである。

その島が、この煙島である。島の名前の由来も、荼毘に伏しているとき、島からもうもうと煙があがったことから名づけられたと伝わる。

侵入を阻む壁

この敦盛の首塚があるからこそ、地元の人間は長年にわたり禁足の掟を守ってきた。

島には広島・厳島神社の分社が祀られており、

福良湾に浮かぶ煙島。
港町と至近距離にある禁足地だ。

187段の石段を上がると、頂上の境内には敦盛の首塚と伝わる石の祠《ほこら》がある。1年に1度、神社関係者がお参りや掃除に行く以外は、誰も入る者はいない。

禁足地なので当然だが、そもそも島へ行く定期便が存在しない。運よく地元の方の船をチャーターできたとしても、島の下部は漁業関係者、中部は役所、上部は神社と、それぞれの所有地になっており、島に入るには三者の許可・同意が必要であるため、自由に入ることが許されないのである。

もしも誰にもばれずにこっそり忍びこめたとしても、神社へ続く石段は風化が進んでところどころがひび割れ、雑草も生い茂っている。その状況で、頂上を目指すのは危険な行為といえるだろう。

話を聞くに、上陸直前に原因不明の体調不良に襲われる、男の霊や女の霊を見る、お供え物を供えずに帰ってきたら祟られた、など、煙島における不穏な噂は絶えない。こっそり忍びこむには、法律や物理的な危険以外にも、霊障による危険も考慮しなければならないようだ。もし万が一入ってしまい何かがあったしても自己責任である。

青島 *Ao-Shima*

Location
宮崎県
宮崎市

山幸彦・海幸彦神話にゆかりある謎の島

宮崎市の南東部の海岸付近にある周囲860メートルほどの島。本土とは弥生橋によってつながり、干潮時は陸繋島になりつつある。周囲を囲む奇景・鬼の洗濯岩や亜熱帯性植物群落が国の特別天然記念物に指定されている。

浦島太郎の元ネタ神話が伝わる島

宮崎県の県庁所在地・宮崎市の南側の海沿いに、青島《あおしま》という島がある。周囲860メートルほどの小さな島で、JR日南線の青島駅で下車し、弥生橋を渡れば徒歩10分ほどで行くことができる、駅チカの観光地だ。

島内には約5000本を超えるヤシ科の高木・ビロウなど、熱帯および亜熱帯の植物が自生し、全体が特別天然記念物に指定されている。

さらにこの島独自の景観もある。干潮になると、島の周囲にある浅瀬の海底が露出して、「鬼の洗濯板」と呼ばれる地形が顔を出すのだ。平らな岩の面に直線的な岩の列が並んでいる不思議な地形が、まるで巨大な洗濯板のように見えることからこの名がつけられた。

この地形は、砂岩と泥岩が交互に重なり、それが波によって浸食されてつくられた天然の景観。その珍しさから「青島の隆起海床と奇形波蝕痕」として1934（昭和9）年に、国の天然記念物に指定された。

こうした珍しい奇観があることから多くの観光客で賑わう島だが、じつは江戸時代中期まで、ここは島がまるごと禁足地だった過去がある。

その理由は、この島に青島神社があるためだ。青島神社は日本神話の海幸彦・山幸彦で有名な彦火火出見命《ひこほほでみのみこと》（山幸彦）と、その妻の豊玉姫命《とよたまひめのみこと》、海神の塩筒大神《しおづつのおおかみ》が祀られている由緒正しい神社。ここ青島は神話にゆかりある島として神聖視されていたのだ。

――高天原《たかまがはら》から降臨したニニギノミコトが、笠沙の御前（現在の宮崎市木花）で木花《このはな》咲屋《さくや》姫命《ひめのみこと》と出会い、結婚したのちに生まれた、兄の海幸と弟の山幸。彼らはそれぞれ海で漁をしたり、山で猟をして暮らしていた。

あるとき、山幸が道具を取り換えて獲物をとろうと提案したが、ふたりとも何も獲れなかったばかりか、山幸は兄の釣り針を海で失くしてしまう。

山幸が海辺で困っていると、塩筒大神が山幸を訪れた。訳を話すと、船をつくって海のなかに探しに出るよう言われ、やがて

上空から見た青島の全景。
島の周囲に広がるのは隆起と波によってつくられた鬼の洗濯板。

海神の娘・豊玉姫命と出会い、歓待され結婚してそこで過ごした。

3年が過ぎた頃、山幸が釣り針のことを思い出すと、豊玉姫命は魚を集め、釣り針を見つけだした。山幸は釣り針を持って帰り、3年越しに兄へ返すことができた――

この神話、一説によると童話・浦島太郎の元ネタともいわれている。この山幸彦と深く関わる地が、青島神社なのだ。青島神社で冬に行なわれている「裸参り」という祭礼も、幸が帰国したとき、人々が服を着る暇もなく裸で海に飛び込んで出迎えたという故事にちなんでいる。

そして神社がある青島も全体が禁足地とされ、江戸時代は神職のほかは、島奉行など一部の役人しか入島が許されておらず、一般人は対岸の浜辺に設けられた祓所から参拝していた。

1737(元文2)年、当時の宮司である長友肥後が、限られた人間しか参拝できないことを遺憾《いかん》に思い、当時の飫肥《おび》藩主・伊東祐永に禁足を解くことを要請した。3月後半の一時期に限り一般人の参詣が許されるようになり、明治以降は一年中立ち入りできるようになり現在に至る。現在、島内にある日向神話館には、天孫降臨から海幸彦・山幸彦の物語、神武天皇の大和平定までが、蝋人形を用いて臨場感満点で再現されている。

戸島 *To-Shima*

Location
京都府
舞鶴市

意外な理由で禁足地となった島

京都府北部、舞鶴湾の中心部に浮かぶ島。海上保安学校の目の前にある。島の西側には舞鶴港戸島灯台がある以外、ほぼ廃墟化している。戦時中は舞鶴海軍工廠の大砲発射場などがあり、いまでも遺構が残る。

絶好の立地だったキャンプ島

京都府北部にある日本海に面した港町・舞鶴《まいづる》。この町の湾内には、何人たちとも立ち入ることができない禁足地の島が存在する。

それが舞鶴湾の中心部に位置する戸島だ。市街地からも手が届きそうなほど近い距離にあるこの島が禁足地とは少々意外である。周囲約2・7キロメートルであるこの小さな無人島が禁足地になったのは、じつは野生動物のためだ。

たしかに、貴重な野生動物や生態系を保護するため、鳥獣保護区に指定して人間の立ち入りを制限している場所は多い。人間のせいで自然環境が壊れてしまうからだ。

しかし、この戸島の場合は「野生動物のため」という言葉の意味合いが真逆。戸島にも野生動物が生息しているが、逆に動物たちが環境を壊したせいで、人間のほうが生活できなくなってしまったのだ。

舞鶴湾のこの小さな島に、いったい何が起きたというのだろうか。

戸島には戦前より、国が所有する島として日本海軍の施設が存在していた。火薬温室と海軍病院消毒所があり、1929（昭和4）年には海軍工廠大砲発射場が設置された。

やがて戦後になると島は京都府へ無償譲渡され、府の青少年健全育成の場として位置づけられ、1969(昭和44)年にはキャンプ場として使われはじめた。

戦後20年以上も放っておかれた戸島は、森林に覆われた自然あふれる環境になっていた。なおかつ、もともと無人島だっただけに島には電気もガスもなく、舞鶴の市街地の近くにいながら、安全にサバイバル生活を体験できるという環境条件が揃った、貴重な場所だったのである。

◎海より野生動物襲来

キャンプ場の開業から40年以上、気軽に船で渡れるサバイバル島として地元の子どもたちに親しまれていたが、やがて先行きに暗雲が立ち込めはじめる。子どもたちの安全を脅かす、招かれざる客が来たのだ。

2007(平成19)年、島で初めてイノシシの生息が確認された。イノシシは気性が荒く、大変危険な野生動物である。罠にかかったイノシシが逆上して牙で人間の太ももを突き刺したことによる死亡事故なども過去に起こっている。そんな存在が島にいたら、子どもたちは安全にキャンプを楽しめないことは言うまでもない。

さらに翌年3月には、ヌートリアの生息も確認された。ヌートリアとは、南米原産の外来種で、大型のネズミの仲間だ。体長40~60センチメートルしかなく、イノシシよりは危険性は低いが、動物たちの生態が大問題を引き起こした。

ヌートリアは水辺で穴を掘って暮らす生態がある。戸島においても掘った穴があちこちから見つかり、キャンプ場の地面はすっかり荒廃した。さらに水場である井戸の周囲に棲みついたため、井戸の周囲に糞をし放題。結果、島唯一の水源である井戸水の水質が悪化し、利用できなくなってしまったのだ。イノシシの危険もだが、こちらも大問題である。

イノシシもヌートリアも、もともと戸島に生息していなかった動物である。彼らは対岸の本土から海を渡ってきて、戸島に棲みついたらしい。本土と島は、一番近いところではわずか100メートルほどしか離れていないため、泳いで渡れたのだと思われている。

また、戸島には動物たちの外敵が少なかった。一番の外敵であるはずの人間も、キャンプ場を利用するのみであるため、夏場しか島に渡ってこない。そのため動物たちにとっては絶好の環境が整っており、動物の天国と化してしまったのである。

結局、行政は子どもたちの安全確保がじゅうぶんに確保できる環境にないと判断し、2008(平成20)年にキャンプ場を閉鎖。以来、戸島も入島禁止となっている。

再び人が使えるようにするには、壊れた設備の改修や、動物の上陸防止のための護岸整備などが必要だが、莫大な費用がかかるため道のりは長いだろう。

現在は、地元のボランティアが海岸に漂着したごみの清掃や雑木の除去を行ない、この島を子どもたちへ引き渡せるよう環境改善に努めている。

第六台場 *No.6 Daiba*

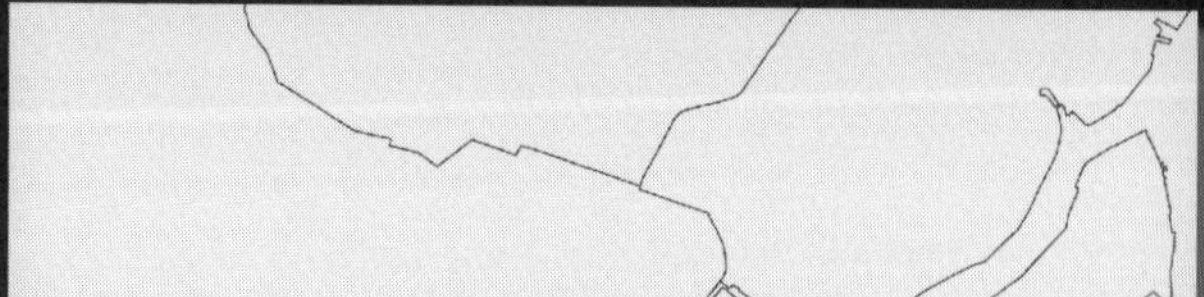

Location
東京都
港区

大都市東京に浮かぶ禁足島

東京都都心部、芝浦ふ頭とお台場を結ぶレインボーブリッジの南にある島。幕末、外国船に対する砲台を置くために築かれた人工島で、開国したため使用されることはなかった。隣に第三台場がある。

江戸時代につくられた人工島

東京の新橋・汐留《しおどめ》地区からレインボーブリッジを渡るとテレビ局やレジャー施設がひしめくお台場へ到着する。その直前、南側に小さな島が見える。じつはこれが東京湾内にある禁足地・第六台場である。

「台場」とは、江戸時代に砲台を置くために築かれた人工島を表わしている。お台場もその名残を踏襲した名称だ。

幕末、ペリー提督率いるアメリカの艦隊が浦賀沖に現れ、鎖国中の江戸幕府に対して開港を要求する、いわゆる「黒船来航」があった。幕府は回答を猶予する期間をもらったが、再度艦隊が江戸へやってくるのは時間の問題。なんとか黒船に対抗するべく防備を固めたいが、当時の日本には黒船に対抗できるような大型船をつくる技術はない。そこで、もっとも効果的と考えられたのが、湾内深くに入ってくる黒船を狙い撃てるように砲台を設置することだった。

やがて、品川沖に6つの台場がつくられた。しかし、それらは終ぞその本来の用途を果たすことはなかった。幕府がペリーの要求を受け入れ、速やかに開国したからである。

では、本来の用途を失った6つの台場はどうなったのか。

レインボーブリッジから望む木々が茂る第六台場。

第六台場の隣にある台場公園(旧第三台場)の砲台跡。

6つのうち、第一・第四・第五台場は、その後の東京湾埋め立て工事によって埋立地の一部となり、島でなくなった。また第二台場は、船舶航行の妨《さまた》げになるという理由から撤去された。現在でも残っているのは、第三・第六台場のみである。第六台場の200メートル東側に位置する第三台場は、1928（昭和3）年に公園として利用されることになり、現在では「台場公園」としてお台場本島と陸続きになり、気軽に行ける公園として多くの家族連れで賑わっている。

◎鳥獣保護区のため禁足

第六台場が禁足地なのは、東京都の鳥獣保護区となっているからである。都市の人間の営みとは隔絶され、長年にわたり木々が生い茂るままのジャングルのような様相を呈しており、都会ではあまり見られないコサギやカワウなどの野鳥の宝庫となっているのである。その数はなんと600羽を超えるともいわれている。

ちなみに、この第六台場から南側、お台場の自由の女神像の手前にある細長い島には「鳥の島」と名づけられている。ここも第六台場と同様、長年手つかずの密林状態だったが、2015（平成27）年より桜の植樹が行なわれ、さっぱりとした景観になった。木々が生い茂る禁足島と、桜舞い散る島が同時に見られることも特徴的な景観のひとつだ。

謎と不思議が渦巻くミステリースポット

私たちが暮らす日常の近くにも、異界と称すべきミステリースポットが多数存在している。古来、人智を超える超常現象が語り継がれるそれらの地はいまも不思議なパワーを秘めている。果たして、忌み地か聖なるパワースポットなのか——。

深泥池 *Midoro-ga-Ike*

Location
京都府
京都市

怪奇現象の絶えない京都の池

京都市北区の住宅街にある周囲1・5キロメートル、面積9ヘクタールほどの池。中央に全体の3分の1ほどを占める浮島があり、多くの水生植物、昆虫、野鳥、魚が生息している一方、近年は外来種が問題となっている。

回 古来の異界はタクシー怪談の発祥地

京都市営地下鉄烏丸線の北山駅を降り、北へ住宅街を抜けると10分ほどで、とある池にたどり着く。ここが京都市内のミステリースポット・深泥池《みどろがいけ》だ。作家の綾辻行人もこの地を題材に『深泥池奇譚集』を記している。

池の周囲は1・5キロメートルほどと、こぢんまりとした場所だが、木々が鬱蒼《うっそう》と茂っていて、カンカン照りの夏日であってもなお薄暗く、不気味な雰囲気を漂わせている。

この池にはいろいろと奇怪な噂が囁かれている。

たとえば、こんな話がある。タクシーの運転手がK病院前で女を乗せたが、「深泥池まで」と告げたきりうつむいたまま話さない。「着きましたよ」と振り返ると、女性の姿が跡形もなく消えており、座席を見ると雨でもないのにシートがぐっしょりと濡れていた、というタクシー怪談。その発祥地がここ深泥池らしいのだ。

古くは戦時中に、近隣の病院から運びだされた結核患者の遺体が大量に沈められていて、それが層になっているという怪奇な噂もずっと語り継がれている。

噂だけでなく、歴史的にもそもそも池の由来そのものが超ミステリーなのだ。

池の名をつけたのは、奈良時代の高僧の行基《ぎょうき》といわれている。池に弥勒菩薩《みろくぼさつ》が現れたことが由来で、当初は「御菩薩池」と呼ばれていたそうだ。

平安時代には和泉式部《いずみしきぶ》が、こう詠んでいる。

「名を聞けば　影だにみえじ　みどろ池　すむ水鳥のあるぞ怪しき」

同じく平安時代には、この池から出てくる鬼に豆を投げつけて追い払ったことから節分が生まれたという逸話があり、室町時代には、この池に住む大蛇が女に化けて小栗判官の妻になったという伝承も残っている。

つまり戦時中の噂やタクシー怪談が囁かれるようになる前からこの場所は、古くより十二分に神秘的で、おどろおどろしい異界だったのである。

科学的にも謎多き池

ところが、この池はただ怪しいばかりではない。

じつは、深泥池は水系が湧き水と雨水しかない、ものすごく閉鎖的な池で、1万年以上前の北方の植物や、なんと氷河期に生息していたミズグモなど貴重な生物がいまだ見られるなど、学術的にも貴重な池なのである。そしてまた、池の中央には珍しい浮島があって、国の天然記念物にも指定されている。

じつは昔からの自然がそのまま残っている名所でもあるのだ。

心霊スポットと怪しい噂、そして天然記念物が同居する池。このあたりのギャップがじつに京都らしい絶妙さを含んでいる。

実際、現代でもここでは珍事が発生している。2010（平成22）年4月1日、深泥池に乗用車が飛びこんでしまうという事故が起きたのだ。しかも、よりによってエイプリルフールに、である。おまけに、場所が場所だ。聞いただけでは、「悪い冗談はやめろ！」と笑い飛ばされるのがオチだろう。

だが、これは現実に起こった事故だった。

新聞記事によると、運転手は37歳の男性会社員で、場所は防護柵がない地点。真夜中、薄暗い場所だったこともあり、カーブをまっすぐな道だと思いこみ、そのまま池へと突き進んでしまったという。

会社員は池に飛びこんだ車内から自力で脱出、幸い命に別状はなかったそうである。

「ライトで照らされているのに、カーブに気づかないなんておかしい。きっと、霊がドライバーに直線だと、錯覚を起こさせて、池の中に誘いこんだに違いない」

この事件を訝《いぶか》しみ、当地に由来する怪異が原因であるとする声は多いが――

「お化けの影響で事故が起こるという話は聞いていません」

北署の担当者は頑《かたく》なにそれを認めることはない。

かくして、この珍妙な事故は格好のネタとなり、ネットを中心に都市伝説化している。

殺生石 *Sesshō-Seki*

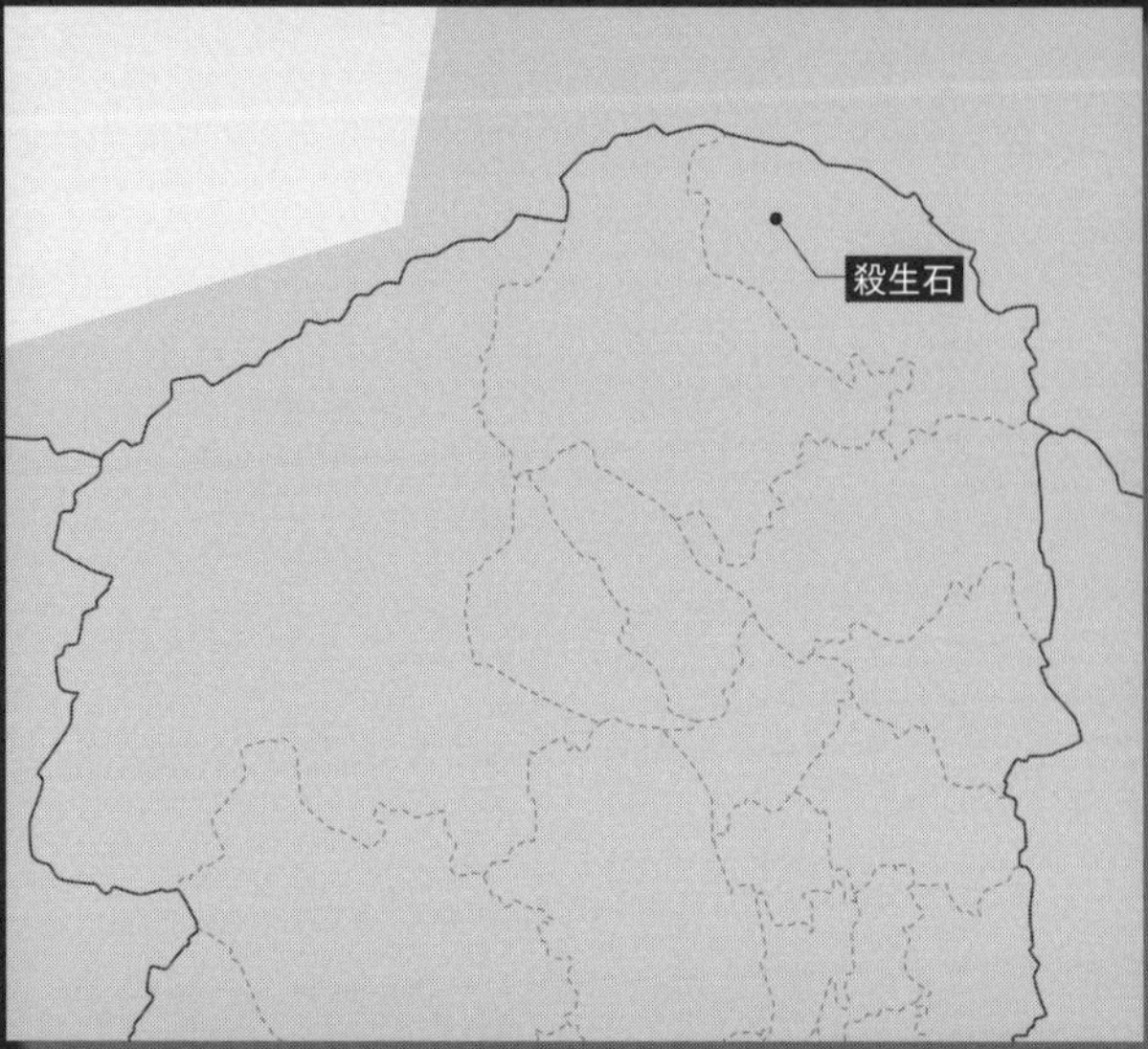

近づく者に死をもたらす大妖怪の瘴気

那須湯本温泉付近に転がる溶岩のひとつ。付近一帯に火山性ガスが生じており生命を奪うためこの名がついた。毎年5月、茶臼岳を鎮めるため、無間地獄の火を大松明に点火する御神火祭が行なわれる。

Location
栃木県
那須郡
那須町

九尾の狐が封印された地

2022(令和4)年3月、とあるニュースが全国を駆け巡った。国指定名勝史跡「殺生《せっしょう》石」が、なんと真っ二つに割れてしまったというのである。このニュースにSNS上は災いの前触れだとして大騒ぎになった。

この石は栃木県の那須高原に存在する。ホテルや旅館、温泉宿が立ち並ぶエリアよりさらに那須街道を上った場所。那須温泉神社の横に流れる湯川の河原に下り、千体地蔵や賽の河原などを通り過ぎた先にある。

この石が割れただけでなぜ大騒ぎになったのか。そもそもなぜ国の名勝に指定されているのだろうか。

その理由は、この殺生石にまつわるミステリーな伝説に拠る。

――平安時代、鳥羽上皇は「玉藻前《たまものまえ》」という美人な妃《きさき》を寵愛していた。しかし、この女の正体は、天竺(インド)や唐(中国)で暴れ回った恐ろしい妖怪・九尾の狐の化身であった。

上皇は日に日に衰弱していき、床に伏せるようになった。原因がわからず宮中は大慌てだったものの、陰陽師の阿倍泰成《あべのやすなり》が、玉藻前に化けた狐の仕業であると見破る。狐は逃げ出したものの、上総介広常《かずさのすけひろつね》と三浦介義純《みうらのすけよしずみ》が、狐を那須野で追いつめ、ついに退治した。

する と討ち果たされた狐は、巨大な石に化身した。死後も狐の毒気は消えず、ここを通る人や家畜のほか、野生の獣や鳥の命を奪っていく。やがて、源翁《げんのう》和尚が一喝すると石が割れて飛散し、そのうちのひとつだけが那須野に残った――

この伝説の石が殺生石なのである。つまり、九尾の狐が化けた恐ろしい妖怪・玉藻前が封印されている石として古くから知られていたのだ。かの江戸時代の俳聖・松尾芭蕉《まつおばしょう》も「おくのほそ道」の旅で訪れており、

「石の香や　夏草赤く　露あつし」

と、この殺生石を句に詠んでおり、現地には句碑も建てられている。そのため、もともと1957(昭和22)年には県指定史跡になっていたが、2014(平成26)年には「おくのほそ道の風景地」の一群をなすものとして国の名勝に指定された。

現在の殺生石。注連縄が巻かれた1個の石であったが、無惨にもぱっくり割れてしまっている。

正体は命を奪うほどの有毒ガス

近づく者の命を奪うという伝承がある恐ろしい石だが、じつは妖力によるものではないらしく、科学的に原因が解明されている。

活火山である茶臼岳の中腹に位置する一帯には、常に亜硫酸ガスや硫化水素などの火山ガスが噴出しており、これらが非常に毒性の強い物質なのだ。亜硫酸ガスの急性中毒になると、皮膚や目鼻、喉などの粘膜にも強い刺激と腐食作用があり、吸い込めば気道や気管支に重篤な障がいが残る劇薬である。硫化水素も同様に、嗅覚の麻痺《まひ》や粘膜の損傷のあと、呼吸障害、気管支炎、肺炎、肺水腫を引き起こしつつ、濃度が高いと呼吸麻痺を起こして死に至らしめる物質だ。

つまり、殺生石は狐の妖力こそ伝説の域を出ないものの、動物を死に至らしめるほどの有毒な火山ガスが絶えず噴出している危険な場所だったのだ。現に、タヌキなどの野生動物のほか、２０２２年12月には巨大なイノシシが8頭も、ここで死んでいた。四足歩行の動物はガスの影響を受けやすいともいわれているが、人間も用心しなければならないことも事実だ。この地もまた、不用意には立ち入ってはならない〝禁足地〟のひとつといえるだろう。

八幡の藪知らず

Yawata-no-Yabushirazu

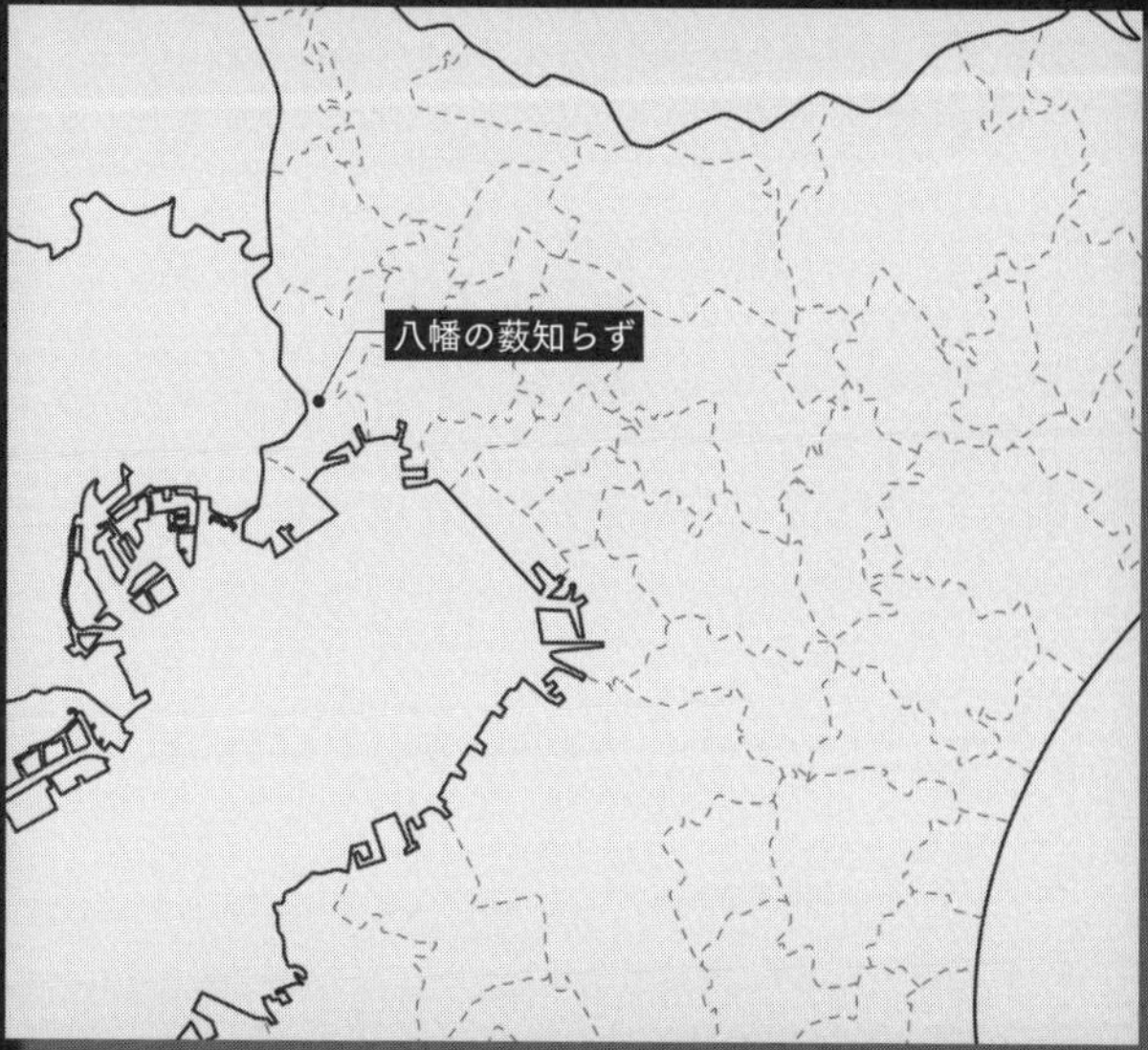

Location

千葉県
市川市

神隠しが起きる駅前の禁足地

本八幡駅前にある18メートル四方ほどの藪地。隣には駐輪場があり、目の前を通る国道14号をまたいだ斜め向かいには市川市役所庁舎が立つ。かつては雑木林だったが、近年は竹に侵食され竹藪になりつつある。

水戸黄門も遭難した駅前の禁足地

千葉県市川市は、東京都にほど近い千葉県有数の市街地である。その中心地である本八幡《もとやわた》にはJR総武線のほか、都営新宿線や京成本線（こちらは京成八幡駅）も通り、多くの人で賑わう繁華街で、市川市役所もこの街にある。

この駅から北東方向へ商店街を歩いて5分ほど、街中を貫く国道14号沿い、市川市役所第一庁舎の斜め向かいの場所に、周囲の雰囲気から浮いた、薄暗い藪《やぶ》がある。ここが古くからの禁足地・八幡の藪知らずである。

藪の周囲には柵が張り巡らされ、正面には鳥居と小さな社殿が建てられており、その奥にも柵があって藪のなかへ入ることはできない。また社殿の隣には、「不知八幡森」と彫られた、伊勢屋宇兵衛という江戸末期の人物によって建立された石碑もあり、この地が神聖視された禁足地であることがうかがえる。

この場所が禁足地となったのには、不気味な理由が存在する。

全体で18メートル四方ほどの広さしかなく、迷いようもない場所だが、じつは一度入ったら二度と出てこられない場所という言い伝えがあるのだ。まるで神隠しにあったかのように人が忽然と消えてしまうというのである。また、入れば祟りに遭うという伝承もあり、少なくとも江戸時代にはそのような扱いになっていたらしい。

事実、水戸黄門のモデルである徳川光圀公《とくがわみつくに》の体験談がある。神隠しに遭う、祟られるなどと当時から噂されていたようで、光圀公がこれを信じずに藪に入ったところ、白髪の老人が現れ、「戒《いまし》めを破って入るとは何ごとか、汝は貴人であるから罪は許すが、以後戒めを破ってはならぬ」と告げたという逸話がある。

平将門につながるゲートが…

ここが禁足地になったのはいったいなぜだろうか。

じつは不気味なことに、その理由が判明していないのだ。一説によると、藪に底なし沼がある、藪の中央部にある窪地から毒ガスが出ている、などともいわれているが、

八幡の藪知らずの正面に設けられた不知森神社の鳥居。
目の前は交通量の多い国道14号。

憶測の域を脱していない。

歴史的に見れば、葛飾《かつしか》八幡宮を最初に勧請した土地であることから入ってはいけないという説や、日本武尊《やまとたけるのみこと》が陣所を構えた地だから入ってはいけない、などともいわれている。

ほかにも興味深いことに、この地が平将門《まさかど》と関係がある説もある。

「将門に仕えていた武者の墓所であり、彼は将門の首を守り続けて泥人形になった」「将門が朝廷軍と戦ったとき、将門軍の鬼門に当たった場所がここだった」

というような言い伝えもある。さらにミステリーなのが、左記の伝説だ。

「将門平定の折、従兄弟《いとこ》の平貞盛《さだもり》が八門遁甲《はちもんとんこう》の陣を敷いたが、平定後もここにだけ将門軍の死門の一角を残したため、この地に入ると祟りがある」

――という。八門遁甲の陣とは、占星術によって吉凶を占い、周囲の人目をくらまし身を隠す〝妖術〟である。死門とは、文字通り彼の世への関門のことだ。

将門の従兄弟は、陰陽師のような術を使うことができたのだろうか。そうであれば、ここには平将門のいる彼の世へ通ずるゲートがあるということになる。もしこれが本当なら、ものすごくミステリアスな場所である。禁足地の本当の由来は何か――真相は、暗い藪のなかだ。

人穴富士講遺跡

Hitoana-Fujikō-Iseki

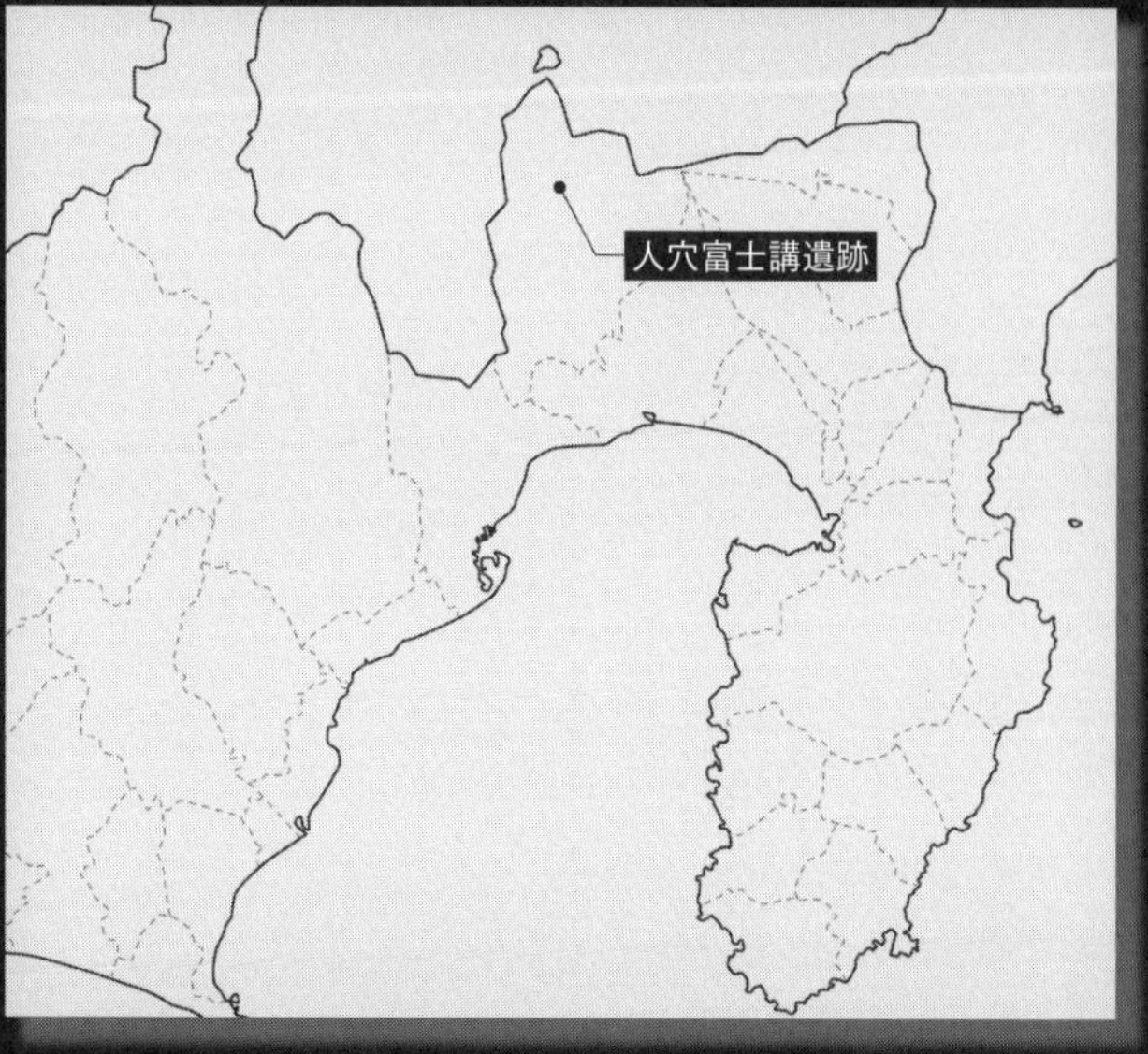

Location

静岡県
富士宮市

怪奇現象が武士団を襲った洞穴

富士山麓にある溶岩洞穴。「富士山 - 信仰の対象と芸術の源泉」の構成遺産のひとつとして世界文化遺産に登録されている。80メートルほど奥行がある内部には祠と石仏4基、碑塔3基があるが、現在は崩壊の恐れがあるため入洞禁止。

回 歴史書にも記載のある超常現象

標高3776メートルを誇る日本最高峰の富士山。その山頂から見て西側の麓《ふもと》、静岡県富士宮市を走る国道139号から少し離れた一角に、古くから恐れられてきたミステリースポットが存在する。

それが人穴《ひとあな》と呼ばれる洞穴だ。富士山から噴き出た溶岩によってできた天然の溶岩洞である。噴火によって噴出した高温の溶岩が斜面を下っていき、やがて外気に触れた表面だけが冷却されて固まる一方、溶岩流の内部はなお高温でドロドロのまま斜面を下り、そこだけぽっかりと空洞になった。そうして形づくられたのがこの人穴である。

この人穴、鎌倉時代に記された歴史書『吾妻鏡』にも記述がある。しかもそれが恐ろしく不気味な内容なのだ。

――1203(建仁3)年6月、鎌倉幕府二代将軍の源頼家《みなもとのよりいえ》は、富士の巻狩《まきがり》(軍事訓練も兼ねた武士たちによる狩猟。富士山麓で大規模に行なわれた)に際して、ご牽引の新田四郎《にったしろう》忠常《ただつね》に、この人穴の洞窟探検を命じた。忠常が家来衆とともにわずかな明かりを頼りに人穴に入ると、洞内の途中で大きな川に出くわし、立ち往生してしまった。すると突然、川の向こうから不思議な光が飛来してきたと思えば、それに触れた家来たちが次々に死んでいったのだ。4人もの家来を失った忠常だが、「将軍から賜《たまわ》った剣を川に投げ入れる」よう、なんと家来の霊から助言を受けた。言う通りに実行した忠常はなんとか洞窟から逃げ帰ることができた――

命を奪う謎の光、そして咄嗟に助言を施す家来の霊と、なんともミステリアスで不気味な逸話だ。この超常現象の記録が、いまも歴史学において第一級の史料である『吾妻鏡』に載っているのである。

この体験談が広まったからだろうか、以降、人穴は富士信仰の修行の場となった。富士講の開祖・長谷川角行《はせがわかくぎょう》が1558（弘治4）年にこの地を訪れ、人穴に籠もって修行をはじめ、やがて仙元大日神の啓示を得たとされている。この角行の教えが江戸時代の中頃から江戸を中心に広まっていき、数多くの富士講が組まれた。

人穴富士講遺跡の入り口。
このなかに石仏や碑塔が立つ異空間が広がっている。

回 現代も語られる心霊譚

富士講の聖地として人々に知られた人穴は、いまや富士宮市人穴という地名であるほか、人穴小学校や区民館、農園など一帯で広く使われている名前になっている。

しかし、由来となった聖地・人穴は現在、心霊が蠢《うごめ》く不気味な異界として紹介されるようになっている。

「車で鳥居をくぐってから洞窟に入ると事故を起こす」「写真を撮ると、壁に人の顔のようなものが浮かび上がる」などの噂が多数囁かれているのだ。

さらに人穴にたどり着く過程にも、さまざまな恐怖スポットが潜んでいる。

鳥居をくぐると歪な形の石碑が次から次へと現れ、怪しげな雰囲気を醸《かも》し出す。整然と並ぶ墓石の間を通り抜けると、闇に包まれた洞穴へとたどり着くが、空気がひんやり冷たく、危うさを漂わせる。洞窟内部にはロウソク立てや石碑などがあるほか、奥には長谷川角行と思われる石像が祀られ、この地がれっきとした〝聖地〟であったことをうかがわせる。

富士講の聖地だが、いまや訪れる者に恐怖をもたらす異界に変貌しているのだ。

六甲山 *Rokkō-San*

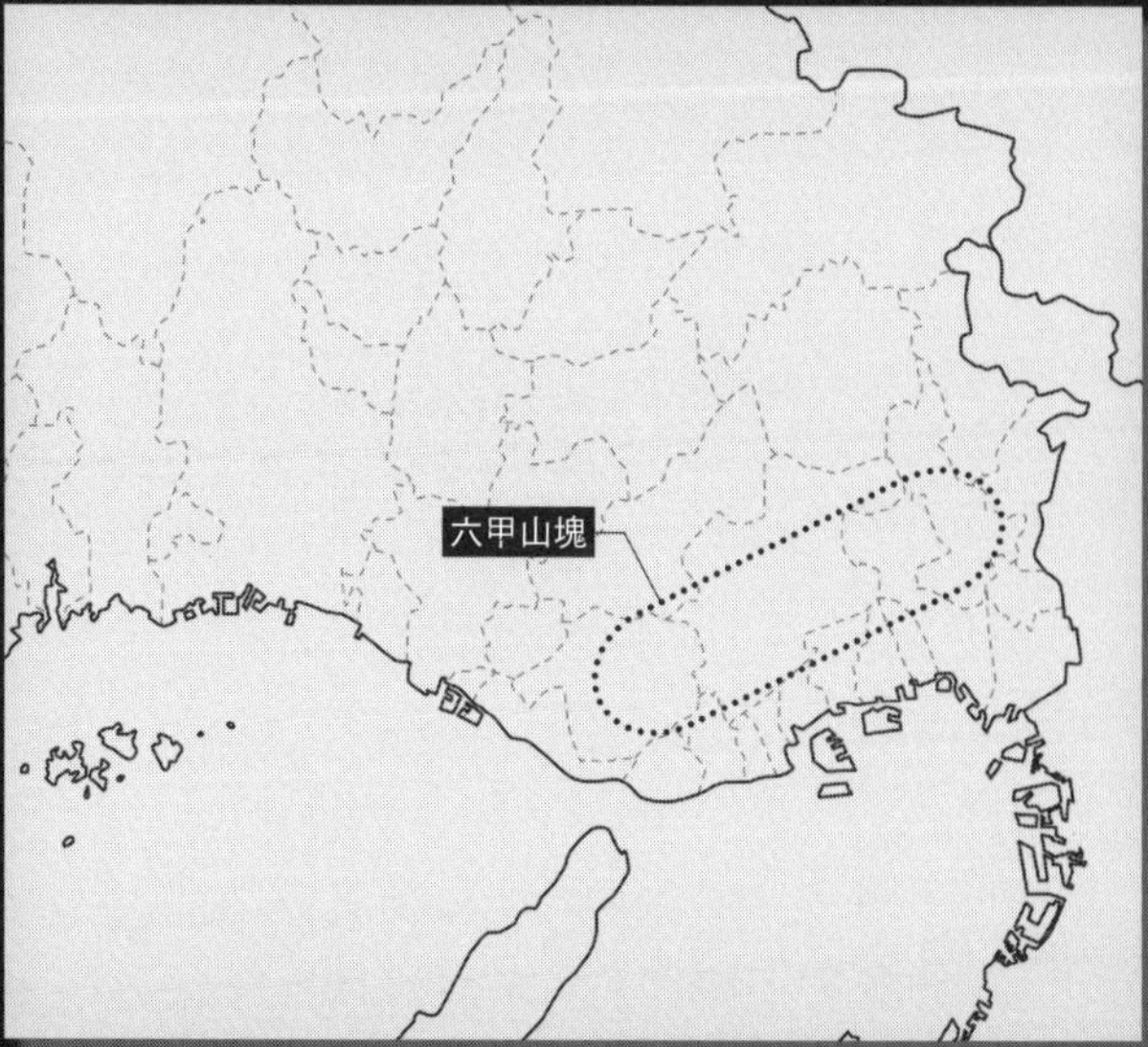

Location
兵庫県
神戸市・芦屋市・
西宮市・宝塚市

UMAが棲み
超古代文明の技術が残る

兵庫県南東部に位置する山塊。一座ではなく、大小の山を含んだ東西約数十キロメートルにわたる山系を指す。近代登山発祥の地であり、現在は無数の登山道が走り、近隣住民による「毎日登山」が盛んに行なわれている。

回 UFOやUMA・スカイフィッシュが多数出現

兵庫県神戸市に広がる六甲山系は、古来より謎と神秘につつまれた、日本屈指の怪奇ゾーンとして有名だ。その証拠に、六甲山系周辺では、UFOやスカイフィッシュといった未確認飛行物体(UFC)や、正体不明の飛行物体の目撃が数多く報告されている。

とくに近年では、同山中の地獄谷付近一帯が、スカイフィッシュの多発地帯として全国的にも知られている。地獄谷のいずこかに、彼らのコロニーがあるとさえ噂されているのだ。

スカイフィッシュのコロニーには、岩の間から湧き出る水場があることが絶対条件で、彼らはそこに卵を産みつけるという。地獄谷はその条件を満たしており、そこにはスカイフィッシュが好む甘い水が湧くらしい。しかもその水が、人が飲むと元気になり、難病まで治してしまう治癒力を秘めているというのだ。

この情報をもたらしたのは、代々この地に住む坂本廣志氏(当時62歳)だ。坂本家に伝わる話では、スカイフィッシュは太古から六甲山系に棲息しており、精霊として崇められてきたともいう。その坂本氏自身も、かつて山中でスカイフィッシュが人間を襲うシーンを目撃するという、衝撃的な体験をしている。

そればかりではない。坂本氏は、山中にある地獄谷には「亜空間トンネルの入り口が存在している」とまで語っているのだ。

どうやら、それは荒唐無稽な話ではないようだ。坂本氏は、その証拠ともいうべき亜空間トンネルから姿を見せた、異質な謎の物体の撮影に幾度となく成功しているというのだ。坂本氏によると、とくに２００７（平成19）年は亜空間トンネルの口が大きく開いたそうで、飛行機の機影に非常によく似ている怪物体が頻繁に姿を現したという。

◎超古代文明「カタカムナ」の痕跡

いったいなぜ、六甲山で集中的に怪現象が頻発するのだろうか。

その答えとなりそうな逸話がある。じつは、超古代文明が存在していたことを示すとされる「カタカムナ」という謎の文献が、この地には存在するのだ。

かいつまんでその由来を説くと、１９４９年（昭和24年）、楢崎皐月《ならさきさつき》という電気物理学者が、金鳥山《きんちょうざん》の狐塚という洞窟の近くで出会った平十字《ひらとうじ》と名乗る不思議な老人から、カタカムナ神社の御神体として先祖代々伝えられてきたという古い巻き物を見せられた。

楢崎氏がその巻き物を筆写したものが、通称『カタカムナ文献』と呼ばれるものだ。

楢崎氏は長年の研究によって、文献の解読に成功する。それによると、カタカムナ人は天体運行の法則に熟知しており、環境のコントロール技術、原子転換技術（錬金術）など、現代科学とはまったく異質の魔術的な科学に基づいた自然と調和した文明を有していたことなどが明らかになったのである。

——日本に超古代文明が存在していた。

にわかには信じがたい話だが、カタカムナ文献の研究家W氏によると、カタカムナ文明と亜空間トンネルは密接な関係があると考えられているという。彼の分析は、次のようなものだ。

「六甲山系に点在する巨石遺構は、おそらくカタカムナ人たちのエネルギー・コントロールに使用されたもので、いわば六甲山地自体が超古代文明のテクノロジーが展開されたもの。そして、その高度な技術のなかには、別の空間や次元への出入りを可能にするものも存在していた可能性がある。だから、六甲山に出現する亜空間の入り口というのは、超古代のテクノロジーが、現在も機能し続けていることを意味しているのかもしれない」

果たして亜空間トンネルは、現実にこの六甲山系に出現するのだろうか。

正直なところ、いまだ証明はできない。ただひとつわかっていることは、坂本氏にしか感知できない、という事実だけである。もしかしたら、代々この地で暮らしてきた坂本家の人間である氏だけが、六甲山にあふれるカタカムナのエネルギーを受け取ることができるからなのかもしれない。

黒又山 *Kuromata-Yama*

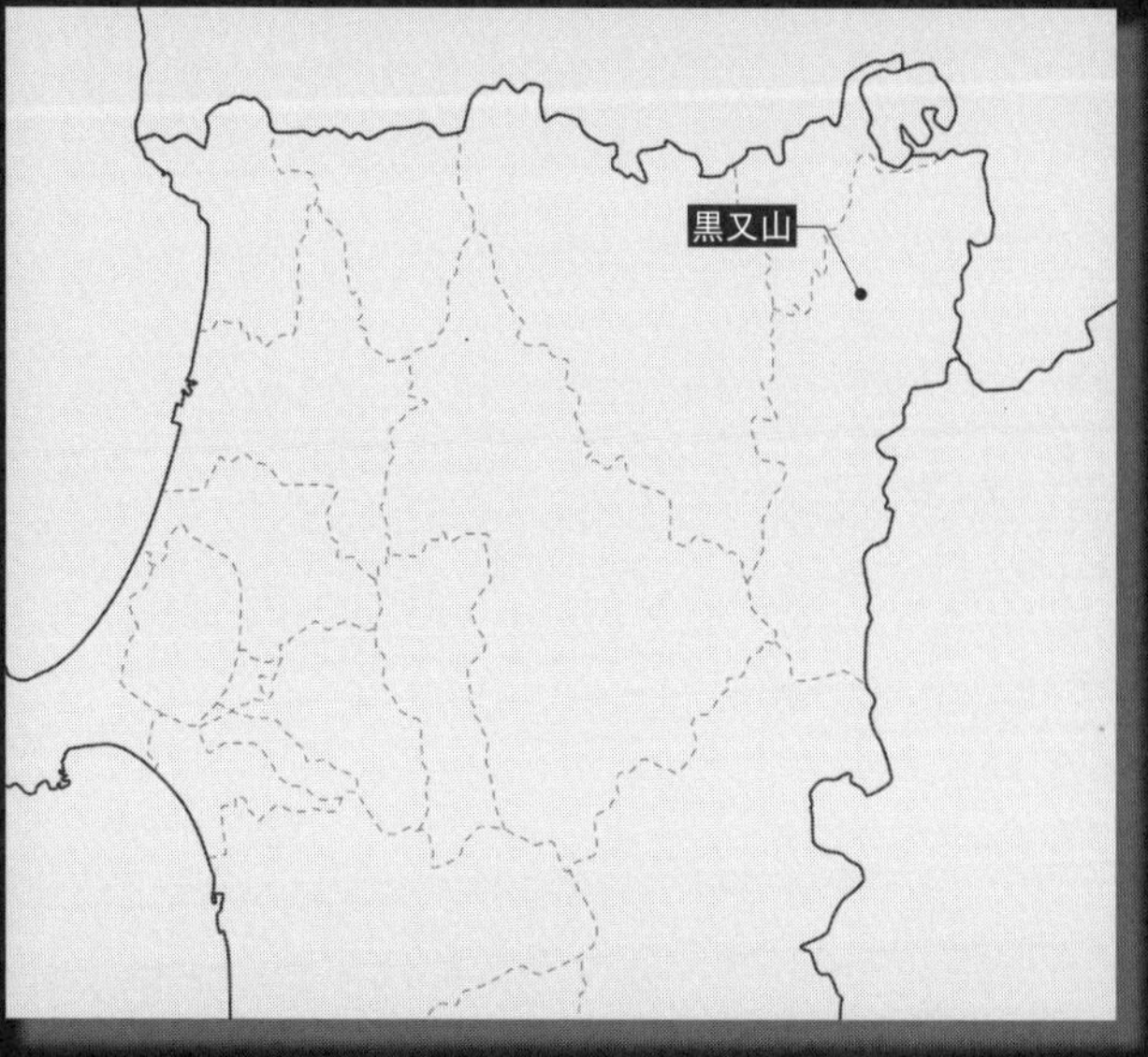

Location
秋田県
鹿角市

ムー文明の遺産を伝える
日本のピラミッド

秋田県花輪盆地にある標高280メートルの山。山頂には本宮神社が祀られ、2キロメートル南西には世界遺産「北海道・北東北の縄文遺跡群」の構成遺産のひとつである大湯環状列石もあり、関連した祭祀遺跡と推測されている。

回 人工的に段丘が築かれた山と判明

秋田県鹿角市《かづの》十和田大湯《とわだおおゆ》には、縄文時代の謎の遺構として有名なストーンサークルがある。そして、ここに立つと黒っぽい小山がいやがおうにも目にとまる。なぜなら、それはエジプトのピラミッドのように見事な三角形をしているからだ。

この山こそ地元で「クロマンタ」と呼称されている黒又山《くろまたやま》である。その由来は、アイヌ語の「クル（神または普通でない人間の意）―マクタ（野）―キタダ（山）」が転訛してクロマンタになった、と説明されている。続けると「神野山＝ピラミッド」ではないか、という伝承が古くから伝わっていたが、1993（平成5）年4月、この謎の山で実施された「日本環太平洋学会・黒又山調査団」の学術調査によって、それが裏づけられたのである。

つまりこの調査で、高さ80メートルの黒又山が7段の段丘でできていることが、地中探査レーダーで判明、これは「人工で築かれた山」であったことを立証するデータとなったからだ。噴火や河岸段丘ではこのような構造にはならないはずで、しかも、段丘ごとに石が敷かれていたこともわかったのである。

また、この発見より先に、山頂部でも新発見があった。古代人によって祭祀用に組み立てられたとみられるストーンサークルの一部が発掘されていた。

同調査団の中心メンバーである辻維周氏は、

「大湯環状列石と対になった人工構築の黒又山は、〝ピラミッド型神殿〟といえます」

と述べている。

また、加藤孝調査隊長は、

「縄文時代この地方一円で、高度な文明が開花していたにちがいない」

と確信をコメントしている。


加藤隊長によれば、縄文人は、東西南北の方角を正確に想定していただけでなく、夏至を正しく知っていたと指摘する。その根拠は、辻氏が、1991(平成3)年の予備調査においてGPSを用いて計測したところ、黒又山頂を起点に、厳密な東西南北の延長線上に4つの神社や祠の存在が確認されたことにある。

同様の測定で、夏至と冬至の日の出、日没点にも神社などが確認されている。この日の出、日没点は4000年前の天体運行に沿った地点であり、現代の地点とは5度ほどずれているという。これは地球の地軸の傾きによる歳差運動のためだが、この事実ひとつとってても磁石やコンパスをもたなかった縄文人が、太陽と星座の運行をも予測しうる叡智を備えていたことがわかったのだ。

◎謎の発光現象と未知のエネルギー装置の可能性

その後の地中レーダー探査によって、山頂部の西端近くの地下5メートル付近で、電波を攪乱《かくらん》する物体が確認されたのだ。金属か大量の水の可能性が高まった。もし、大量の水だとすると、内部が空洞だということになるが、これに関連して、調査中複数の隊員が、夜間山頂に謎の発光現象を目撃していた。

じつは、クロマンタは以前から謎の発光現象を起こす山としても知られていた。そしてその源というのが、この空洞部分にあるのではないかという。つまり、もしかしたらこの地下の異常反応は、なんらかのエネルギーによるものかもしれないということだ。

日本環太平洋学会としては、クロマンタは古代祭祀遺跡という見解を示しているが、一方では飛躍した仮説として、このクロマンタが大湯ストーンサークルと一体になった、ある種のエネルギー・システムではないか、という考え方も生まれている。

ピラミッドがなんらかのエネルギー・コントロール装置、もしくは施設ではないかという説は以前から主張されてきた。

クロマンタもその可能性があり、しかもそのエネルギーは現代人にとっては未知のエネルギーかもしれないというのである。エジプト・ギザのグレート・ピラミッドの頂上部では、理論上、1万数千ボルトの電圧が発生する「環境電磁気異常」が起こっているという事実がこれを裏づける。

もしかしたら、クロマンタでも同様のことが起こっているのかもしれない。そして、今後のさらなる調査で、この未知のエネルギーの抽出もしくは制御メカニズムを示す装置が発見される可能性があるかもしれない。


とにかく、大いなる謎がいまだ、このクロマンタに秘されているのである。

世界各地の古代文明に類似性があるのは、遙かな昔、太平洋に存在した失われた「ムー帝国」植民活動によるものだ、というのはジェームズ・チャーチワードの仮説だが、この「ムー文明」について、日本環太平洋学会では、きわめて興味深い仮説を展開している。

黒又山の全景。横から見れば、
ピラミッドのようにきれいな三角形である。

回 環太平洋文明圏の源流を探るとムー＝古代日本文明が浮上

環太平洋文明圏には、ピラミッドをはじめとする巨石建造物など、偶然の一致とは考えられないさまざまな類似性を備えた遺跡が存在している。最新の科学知識によって、チャーチワードが想定した太平洋上のムー大陸は幻と化してしまったが、環太平洋地帯をネットワークとした高度な海上文明圏、すなわち「環太平洋文明圏＝ムー文明」はたしかに実在していた、というのだ。

では、そのムー文明の「源流」あるいは「原文明」はどこにあったのか。

この壮大な謎を解く鍵こそ、環太平洋地帯に円環をなして点在するピラミッドにあるという。そして、そのピラミッドの誕生年代をさぐっていく過程で、驚くべき事実がクローズアップされる。

▲黒又山＝紀元前20世紀以前
▲北アメリカ＝前20〜前10世紀
▲メソアメリカ＝前12世紀
▲ポリネシア＝後7世紀
▲メラネシア＝後8世紀

▲ミクロネシア＝後8世紀
▲インドネシア＝後8世紀中葉
▲韓国＝後9世紀中葉から10世紀

以上、その誕生年代を一覧すると、黒又山に発したピラミッド文明が環太平洋地帯を時計回りに伝播《でんぱ》・移動し、一周したという仮説が成り立ってくる。

つまり、同学会は、縄文時代の日本に発したピラミッドを中枢とする文化が太平洋を環流する海流に乗って北アメリカ、メソアメリカ、オセアニアへと伝播。さらにインドネシア周辺で仏教文化と融合してふたたび日本へ戻り韓国へと波及した、という仮説を立てているのである。

この仮説が正しければ、ムー文明の「源流」こそ、縄文期の日本にあったということになるのではなかろうか。

チャーチワードも指摘しているが、ムー文明には共通するひとつの神話が伝承されている。創造神あるいは文化神たる存在の「白い神」の神話がそれだ。

紙幅の都合で簡記するが、アステカ族やトルテカ族の神話では「ケツァルコアトル」と呼ばれる、万物を創造し文化を授ける白い神が登場する。ケツァルは「羽根をもつ鳥」コアトルは「蛇」を意味し、白い神は、「羽根をもった蛇」に象徴されたのだ。

この白い神は、ときに名や姿を変えて、ムー文明圏の各地に出現しているのだが、もちろん、黒又山周辺にもこの「白い羽根をもった蛇」の伝説が存在する。

クロマンタがアイヌ語に由来していることは先に述べた。じつは、縄文期の十和田大湯一帯はアイヌの王国であり、アイヌの伝説には、ケツァルコアトルと同様の性格を備えた白い神「オキクルミカムイ」という来訪神が登場するのだ。

ムー文明の源流が縄文期の日本だったとすれば、創造神であり、文化神であるこのオキクルミカムイが黒又山ピラミッドを築造したあと、アメリカ大陸に渡り、さらに環太平洋地帯に文明の叡智を移植してまわり、ムー文明が築きあげられたとする、まさしく壮大な仮説が誕生するのである。

その真実はいまだ完全に解明されてはいないが、この黒又山が世界史的なミステリースポットであることは確かなようだ。

剣山 *Tsurugi-San*

Location
徳島県
美馬市

ソロモンの秘宝と守護大蛇が眠る山

標高1954メートルの徳島県最高峰の山。日本百名山にも選定されている。安徳天皇の剣を山頂に埋め、これをご神体としたのが名前の由来と伝わる。四国一円から多くの登山客で賑わっている。

◎ソロモンの秘宝が眠る剣山

剣山《つるぎさん》といえば、石鎚山《いしづちさん》に次ぐ四国第二の高峰で、日本百名山に選定されている標高1995メートルの名峰だ。古くから山岳信仰の対象として修験道の霊峰になっており、大劒神社をはじめ龍光寺、劒山本宮劒神社、劒山本宮宝蔵石神社など、山域のところどころに寺社仏閣が点在しているほか、山頂には修験道の祠や修行用の行場がある。

冬季以外は、麓の国道沿いにある見ノ越から中腹の西島駅までは剣山登山リフトが延びており、そこからは40分ほどで山頂へ辿りつける。そのため、比較的登りやすく、多くの登山客に親しまれている。山頂一帯は爽やかに開けた高原になっており、ところどころにベンチが置かれ、風景をゆっくりと楽しむことができる。

剣山系に属するこの山は、じつはミステリースポットとでもいうべき存在なのである。山そのものが人工のピラミッドだともいわれているが、ソロモン王の秘宝が隠されているという伝説もある。

ソロモン王の秘宝とは、モーセによってエジプトの奴隷から解放されたユダヤ人たちに運び出された古代イスラエル王国の宝——モーセが神から授かった神器(十戒の石板、アロンの杖、マナの壺)のことである。長らくエルサレム神殿に保管されていたものの、紀元前

722年に王国がアッシリア帝国に滅ぼされた際、国を追われて世界中に散った10支族とともに行方不明になったとされている。

このソロモン王の秘宝がなぜ日本にあるのか。地元では、ソロモン王の秘宝を埋めた島の地形が四国に似ている、童謡「かごめかごめ」を古代ヘブライ語の転化と仮定すれば宝の隠し場所を暗に示している、麓の祖谷《いや》という地名がソロモン王の秘宝を持ち出して脱出した預言者イザヤの名残りであることを示している、などさまざまな説が囁かれている。

◎秘宝を守る大蛇が目撃された

その秘宝を守る大蛇が、剣山近辺の剪宇《きりう》峠《とうげ》（徳島県美馬市穴吹町）に棲息しているという。目撃情報も多数あり、かなりの高確率で実在すると信じられている。

1973（昭和48）年5月、草むらのなかに潜んでいるところを、林業作業中の4人の人物に目撃された大蛇は、推定体長10メートルにも達し、胴体は電柱ほどの太さがあった。背中は青黒く、腹の鱗は光っていた。ヘビにしては奇妙なことに「ピーピー」という鳴き声もあげていたという。

この目撃情報を受け「剣山の大蛇」は、いちやく全国的な規模で存在を知られるようになったのである。

そして同年6月と7月、大規模な山狩りが行なわれた。6月は総勢120名、7月は200人を超す人々が各地から集まり、山中の捜索におよんだのだ。その結果、残念ながら目撃はかなわなかったが、大蛇が這って通過したと思しき跡を発見。横幅約40センチの間隔で、灌木《かんぼく》や雑草が倒されていたという。

現在、大蛇が目撃された剪宇峠の近くの小剪宇峠には「大蛇大権現」がつくられ、鳥居と祠が設置されている。数年前には1年に一度、「大蛇まつり」が行なわれていた。

ちなみに、美馬市のある旧家には、口を大きく開けた状態で上から下までの長さが34センチもある謎の顎骨が保管されている。専門家の鑑定によると、これはサメの骨の可能性が高いのだが、剣山の大蛇の顎骨と信じる人々が多い。

じつはその顎骨と酷似した巨大な骨が、兵庫県三田市の永沢寺および欣勝寺にあることがわかった。いずれも寺宝として扱われ、ほとんど人の目に触れたことはない。どちらも白く鋭い歯が同じ場所から3本ずつ生えて一組となり、先がとがってキバ状になっている。

両方の骨とも雨乞いなどで使われることはあるが、そのときも箱に収められたままだという。というのも、箱の外に出 して人目にさらすと、大雨などの祟りがあると信じられているからだ。なお、広島県府中市の青目寺にも、寺宝として「蛇頭」が保管されている。

三田市や府中市の謎の顎骨との関わりはともかく、剣山に何らかのUMAが潜んでいる可能性は高いようだ。ソロモン王の秘宝にUMA、剣山は我々の知らない異界かもしれない。

トンカラリン *Tonkararin*

Location
熊本県
玉名郡
和水町

築造目的不明な
謎の古代遺構

全長は464メートルほどの人工的につくられたトンネル型の遺構。自然のすき間に石を蓋をした暗渠があり排水路と思われたが、周辺には民間伝承すらなくいまだ築造目的は不明。同様の遺構が広島県東広島市にもある。

洞窟状のミステリー遺跡

熊本県和水町《なごみまち》、道の駅きくすいからほど近い丘陵部に、いまだに正体のわからないミステリースポットともいうべき遺跡「トンカラリン」が存在する。

切り石式のトンネルと地面の裂け目を利用した2種類のトンネルからなり、それが地面に掘りこんだU字溝路でつながりながら、丘の頂上にある鶯原《うぐいすばる》神社に向かっている。そのU字溝路も含めて、全長は465メートル。

通路は曲がりくねっていて、人ひとりがやっと通れるくらいの広さしかなく、また這いつくばってしか抜けられない通路もある。閉所恐怖症の人には、内部の探索は無理かもしれない。

トンカラリンという呼び名は、小石を穴に放りこんだときに響く音がそう聞こえることからついたらしいというが、地元には築造に関する記録や伝承がまったくなく、造られた年代や目的が不明とされている。

1974(昭和49)年に遺跡を調査した熊本県の教育委員会や考古学者は、築造の目的について、「排水路説」「水道説」「城の抜け穴説」などの仮説を唱えたが、丘の上には水源がなく、決定的というわけにはいかなかった。

2001(平成13)年にも再調査が行なわれたものの、排水路にしては不都合な点が多すぎるとして結論は出ず、結局「謎の遺跡」とされたまま現在に至っている。

◎シャーマンの聖地だった説

別の説として、古代にこの地方に勢力のあった日置《ひおき》氏の宗教施設、あるいは邪馬台国《やまたいこく》の女王・卑弥呼《ひみこ》の聖地の名残りという説も浮上している。

それを補強するものとして、1994(平成6)年に、トンカラリン周辺の前原長溝遺跡1個、前方後円墳である松坂古墳から3個、変形頭蓋骨が発見された。

発掘した別府大学の坂田邦洋助教授はこれらの変形頭蓋骨の人物は、弥生時代

トンカラリンの入り口。
明らかに人為的につくられたものだ。

中期頃の支配階級の女性のもので、頭の変形は人工的に為されたものだという考えを明らかにした。

さらに坂田助教授は、頭を変形させるというのは、神と人間を結ぶ存在として、神秘性を漂わせ人々に特別な存在だ、としてアピールしたのではないかと推測し、この4個の変形頭蓋骨の主は、当時「シャーマン」だったのではないか、という新説を唱えたのである。

そして、そのシャーマン説の裏づけとなるのが、トンカラリンの石組みの一部に見られる朝鮮の特殊な石組み技法「布石積み」で、これこそが朝鮮半島との交流があったという事実を示唆するものだという。

朝鮮半島では、洞窟などにシャーマンがこもり、神を呼び出して神託などを賜る「ずい穴信仰」があるが、それがトンカラリン周辺に普及していたのではないか、というのだ。

結論として、坂田助教授は、トンカラリンこそは「シャーマン」が使った宗教祭祀施設ではないかと、仮説している。

諸説紛々。

トンカラリンは「探険のスリル」「謎解きの楽しさ」を体験させてくれるミステリアスな遺跡である。

入れば
無事では済まない
最恐怨霊禁所

歴史ある日本には、過去に流血の惨劇が繰り広げられた場所が数多く存在する。多くは時間とともに風化するが、なかには怨念が拭えずにこびりついた忌み地もある。踏み荒らした者にはどんな祟りが待ち受けているのか——。

おいらん淵 *Oiran-Buchi*

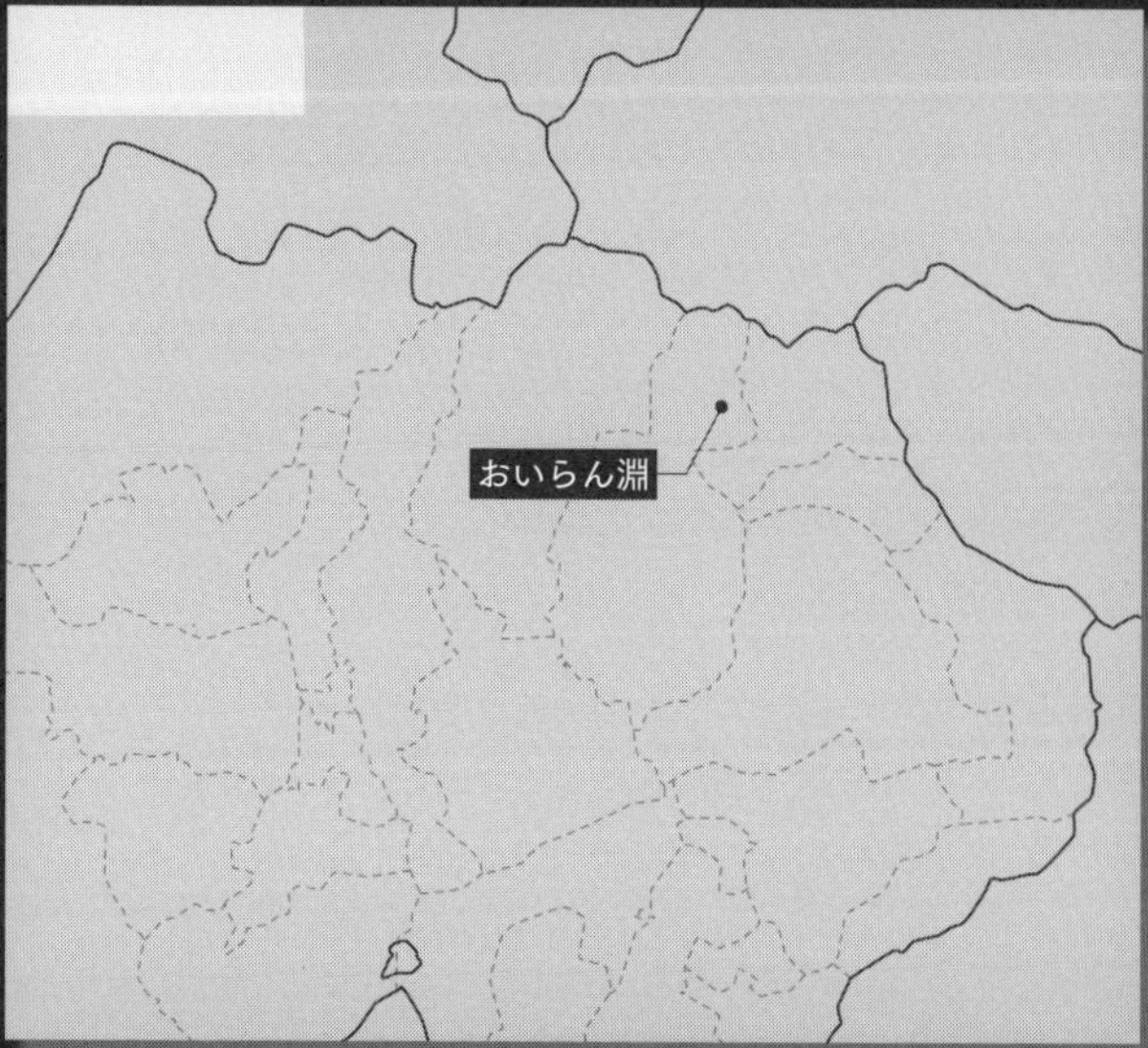

Location
山梨県
甲州市

女たちの怨念渦巻く関東最恐の忌み地

多摩川の源流近く、奥秩父山塊を流れる柳沢川にある滝場。戦国期に遊女たちが殺される悲劇があった。もとは下流の一ノ瀬川合流地点に石碑と説明版があったが、バイパス工事にともない撤去されている。

回 渓谷で殺害された55人の遊女

山梨県東部、丹波山村《たばやま》と甲州市塩山《えんざん》の境界あたりに、肝試し場所などに多少でも造詣がある人なら、誰しもが名を知る場所がある。その名も、「おいらん淵」――決して遊び半分で足を踏み入れてはならない、日本最恐レベルと名高い心霊スポットだ。

この場所は奥秩父山塊の深くに座す、鶏冠山《けいかんざん》（標高1710メートル）の麓。柳沢川《やなぎさわがわ》と一ノ瀬川が合流して丹波川となって流れる地点にあり、反り立つような岩肌を晒す峻険《しゅんけん》な山々に囲まれた、深い渓谷を見下ろす場所だ。都市部に住む人にとって一般に〝川〟と言えば、多摩川や淀川のような幅の広い河川を想像しがちだが、この地はまったくと言ってよいほど世界が違う。周囲は崖に囲まれ、谷底を見下ろすと轟々とした瀑流の音が会話もできないほどに耳孔をつんざく、まさに〝天険の地〟といった表現がふさわしい環境である。

一見すると、自然に囲まれた景勝地といった趣きだが、ここは前述のとおり、日本最恐レベルの心霊スポットである。その所以は、戦国時代にまでさかのぼる。

――戦国時代、鶏冠山には武田家が所有する黒川金山が存在していた。一帯には鉱山町がつくられ、鉱夫たちの慰安のために遊廓もあり、その隆盛ぶりは黒川千軒と称されるほどであった。

しかし、織田信長・徳川家康連合軍の甲州征伐によって武田勝頼《かつより》が没し、同時に武田家が滅亡したことにより金山は閉鎖。当時の金山奉行は、金山の秘密が漏れることを恐れて、遊廓にいた55人の遊女と金山労働に従事した配下の武士を皆殺しにすることを決めた。

柳沢川の上に藤蔓《ふじづる》で吊った宴台を用意し、その上で酒宴の一興だと欺いて遊女らを舞わせ、舞っている間に蔓を切って宴台もろとも淵に沈めて殺害した――

甲斐武田家の残酷な仕打ち

この武田家とは、戦国時代に甲斐一国ならびに信州、遠州の一部を治めた、甲斐武田家のことである。かの有名な戦国武将・武田信玄によって隆盛し、最強の騎馬隊を有していたことで知られている。

この武田家が所有していたのが黒川金山で、そこで働く金山衆の慰安のために遊廓が設置されていたのだ。一説によると、黒川金山で慰安婦となっていた遊女たちは、武田軍が侵攻した信州で捕虜として生け捕りにした将兵の家族であったともいわれる。侵略地における略奪・暴行・人身売買は人類史のなかで度々起きていた出来事であるが、かの武田信玄も斯様《かよう》に卑劣な蛮行を行なっていたのである。

誇り高い武士の一族に生まれたにもかかわらず、敵国に捕らえられ山中で鉱夫相手に春を羇《ひさ》ぐことを強制された彼女たちの心情は如何ばかりであったろうか。生きてさえいれば、いずれ明るい未来が待っている——悲惨な現状にあって、そんな一縷の儚い望みを抱かざるを得なかった武家の姫や女中たち。閉山の酒宴と聞いて、これで自由になれる、家族に会えると喜んだ彼女たちに突き付けられたのは、口封じとして谷底へ落とされる——一片の希望もない、死というどこまでも非業な現実であった。

こうして遊女たちは絶望と深い恨みを抱えたまま暗い谷底へ落ちていき、大半は息絶えた。運よく岩場への衝突を免れ流れていった者もいたが、すでに下流部の村々には、助けた家は刑に処す旨のお触れが回っており、酷く衰弱したまま息絶えたという逸話も伝わっている。

回 いつしか忌み地に変わった淵

後世の人々は、為政者の身勝手により悲痛な運命を歩んだ彼女たちを偲び、彼女たちが谷底へ落とされた場所——一ノ瀬川と柳沢川の合流点近くの崖の上に慰霊碑を建て、鎮魂の祈りを捧げた。

一方、遊女が多く流れ着いた奥秋《おくあき》集落(現・丹波山村)では、彼女たちのことを哀れに思った村人たちが亡骸《なきがら》を引き上げ手厚く葬り、慰霊のためにお堂を建立した。木で彫ったデクという人形を供えたと伝わる。

この非業の歴史が綴られた碑や堂が佇む岸辺は、不謹慎にも訪れる者に祟りをもたらす禁足地として名を馳せるに至る。

おいらん淵の怪談は、江戸の昔より世代を超えて語られてきた。遊女の悲痛な叫びや恨み言が聞こえる、遊女の霊に憑かれる、命を狙われる、などの逸話は現代においても枚挙に暇がない。伝わっている話によると、とくに若い男性がおいらん淵へ行くと憑かれる確率が高く、ことさら危険だという。

いまは廃道になっているが、かつては慰霊碑の真横に国道411号が通っていたため、車さえあれば気軽に行くことができる場所であるだけに多くの人々が肝試しに訪れたのだろう。噂話の数が多いのも納得である。

支流にある真のおいらん淵

慰霊碑が建つ心霊スポット・おいらん淵だが、じつは本来の悲劇の地とは異なる場所であるらしい。地域資料を参照すると、「おいらん淵はもともと藤尾橋《ふじおばし》の付近にある『ごりょう滝』を指していたが、東京水源林に勤めていた中川金治氏が、旧一ノ瀬橋付近の瀑流のほうが伝説にふさわしい景観であるとの理由で、意図的に移した」というのが真実らしい。旧一ノ瀬橋付近にあった慰霊碑も、じつは現代になってとある宗教法人が建てたもので、戦国や江戸期からあったものではない。そのため、２０１１年のバイパス工事に際して撤去され、現在は礎石を残すのみになっている。

本来の悲劇の地であった藤尾橋とは、合流点から柳沢川を3キロメートルほどさかのぼった先にある。いまは廃橋となっており、侵入禁止のトラロープが張られていて立ち入ることができない。ここもある意味、禁足地である。

藤尾橋から覗き込んだ川は、旧一ノ瀬橋より上流であるため比較的水量が少なく、一見すれば迫力に欠けるように思える。しかし、河床は固い岩盤だらけであり、両岸には尖った岩がゴロゴロ転がっている。橋から川へはゆうに20メートルはあるだろうか。もし落ちればひとたまりもないだろう。きっと遊女たちも、墜落したときに河床の尖った岩に叩きつけられたに違いない。ある者は脳挫傷で、ある者は頸部骨折で即死し、ある者は背骨や骨盤などを損傷しつつ生きながら溺れ、死んで流されていったのだろうか。

藤尾橋の近辺は、昼間は木漏れ日の差す穏やかな渓流といった様相だ。

しかしこの場所で、かつて武田家のもとで強制売春させられていた遊女たちは生命まで奪われたのである。その無念、恨みはどれほどであったろうか。歴史の因果を知ったうえで訪れれば、この地に染みついた血と怨念に、誰ともなく圧倒されてしまうであろう。もし訪れることがあるならば、肝試しや心スポ凸配信などと騒いだりせず、静かに手を合わせ、鎮魂の祈りを捧げるべき場所である。

谷川岳一ノ倉沢

Tanigawa-Dake-Ichinokura-Sawa

Location

群馬県
利根郡
みなかみ町

世界一の死者数を記録した魔の山

群馬の名峰・谷川岳から北東へ延びる谷筋。日本三大岩壁のひとつで、かつて多くのアルピニストが挑戦して命を落としている。下部の渓流地帯にはトレッキングコースがあり、軽装でも見学可能。

登山者の命を飲みこむ魔の山

我々が住む日本は、起伏に富んだ地形のため、国土の大部分、約75パーセントが山地で占められている。人間はわずかな平地に集まって暮らしており、それ以外の大部分は人が住む土地ではないのだ。

そうした異界ともいうべき山は、登山の知識や装備を持たない一般人が踏み入れれば、たちまち命を落とすことにもなりかねないほど危険な場所だ。そうした山々のなかで、世界でもっとも危険な「魔の山」が、群馬県と長野県の県境に存在する。

それが谷川岳《たにがわだけ》である。

三国《みくに》山脈のひとつであり、日本百名山の一座にも数えられる名峰だ。標高1963メートルというとくに高いわけでもないながら、初心者向けから上級者向けまであらゆる難度《ど》の登山コースがあり、年間4万人を超える登山客を迎える行楽地である。登山口である土合《あいぐち》駅からは尾根上にある標高1319メートルの天神平駅までロープウェイが延び、さらにそこから標高1502メートルの天神峠までリフトも出ているためか、登山コースとして高い人気を誇る山だ。

これほどまでに整備された山が「魔の山」とは、いったいどういうことか。

一ノ倉沢の遠景。断崖が屏風のように立ち塞がっている。

谷川岳の最寄り駅であるJR上越線の土合駅構内。下りホームが地下70mの深さのトンネル内にある通称「日本一のモグラ駅」。ここでも心霊現象が報告されている。

じつは、この谷川岳は世界一遭難者が多い山としてギネス記録に載っているのだ。その数、1931（昭和6）年から2020（令和2）年6月までで、なんと死者818名、行方不明者6名という驚異的な遭難者数である。

◎クライミングの聖地と魔の天候

谷川岳はロープウェイやリフトなども整備され、初心者にも開かれた山のはずである。いったいなぜこれほどの遭難者が出るのか。

それは谷川岳にクライマーの聖地である「一ノ倉沢」と呼ばれる岸壁帯があり、そこから登ろうとして命を落とす人が多いからである。

一ノ倉沢とは、谷川岳の東側へ流れ出す沢と、その上流部の岸壁を指す。ここから谷川岳を登るコースは、通常の登山道とは異なるルートを行くためバリエーション・ルートと呼ばれる登山ルートのひとつだ。一ノ倉沢の場合、標高を上げるにつれて垂直に近い岩壁を登攀《とうはん》しなければならないため、初心者では危険すぎてまず挑戦できないだろう。そんな危険なルートがこの観光地と化している山にもあるのだ。

1960（昭和35）年9月19日には、滑落した登攀者がロープで宙づりになったまま死亡してしまい、群馬県警が自衛隊に要請し、ロープを狙撃銃で銃撃して遺体を落下させて収容した「谷川岳宙吊り遺体収容」という痛ましい事故も起きている。

ここまで遭難者が多いのは「魔の山」ともいうべき地形的要因も深く関わっている。前述の急峻な崖に加え、ここは中央分水嶺に位置するために天候が変わりやすいのだ。しかも、稜線を挟んだ反対の西側が緩やかな傾斜であるため、冬には風で雪が吹きあがりやすく、それが一ノ倉沢へどんどん溜まり、異常な積雪量となるのである。

そうして雪に阻まれた結果、遭難してしまう事故が起きるのだ。

◎いまも語られる谷川岳心霊譚

これほどの死者を記録している山域にふさわしく、じつは怪しい噂も多数報告されている。たとえば、夜中に一ノ倉沢へアプローチしている途中、なぜか下山するパー

何人もの命を飲みこんできた、
分厚い積雪に覆われた厳冬期の一ノ倉沢。

ティとすれ違ったが振り返ったら消えていた、とか。

一ノ倉沢を登攀している真っ最中、突然霧に包まれたかと思えば、真横にある別のルート上に自分と同じような登攀者が見えた。やがて霧が晴れるとそこには誰もおらず、下に墜落したようすもなかった、とか。

冬季に稜線上を歩いているとき、一ノ倉沢のほうから「おーい」と呼ぶ声がするので近寄ると、足元の雪の塊《かたまり》が崩れてあわや滑落しそうになり、霊が自分を道連れにしようとしていたことを悟った、など。

これでも随所で語られてきた体験談のほんの一部。一ノ倉沢関連の心霊譚は、枚挙に暇がない。

現在では、登山技術や装備が進歩しているためか、一ノ倉沢での年間死者数も1、2名程度だという。前述の800余名の死者はほとんどが、装備や技術が未発達だった昭和初期の登山ブームのときにカウントされた数字ともいわれる。

ただ、それでも危険と隣り合わせの〝異界〟であり、一般人が決して踏み入ってはならない〝禁足地〟であることには変わりない。もし不用意に訪れれば、心霊体験のみならず、彼の世へ導かれてしまうことにもなりかねないことを重々留意すべきだろう。

腹切りやぐら *Harakiri-Yagura*

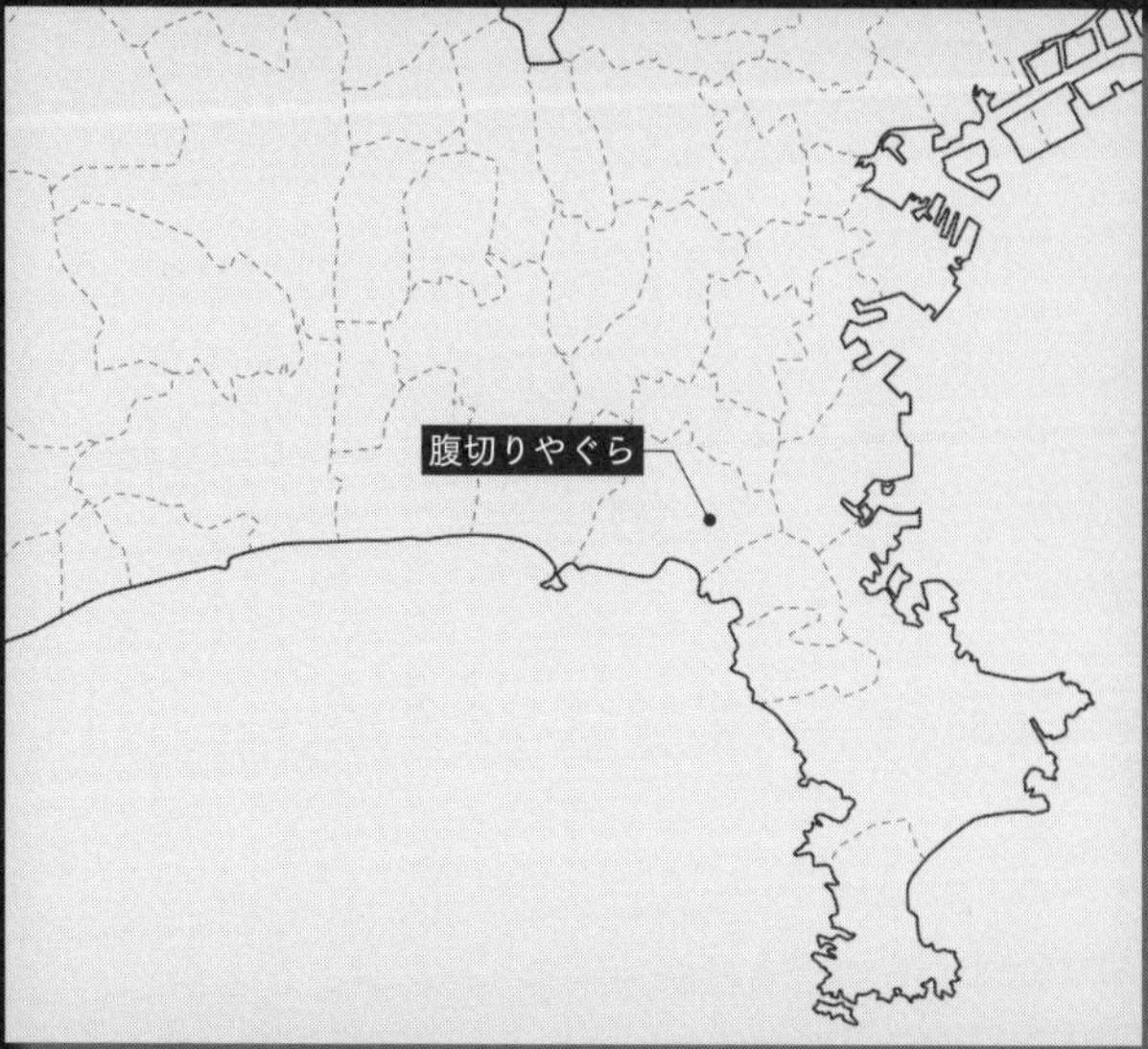

百余人が切腹した
鎌倉幕府終焉の地

鎌倉市東部の崖地につくられた納骨窟。鎌倉攻めの際に自刃した北条高時以下一族郎党の供養塔がある。２０１９（令和元）年の台風被害により落石の危険があるため現在は上部の祇園山ハイキングコースとともに立ち入り禁止。

Location
神奈川県
鎌倉市

回 鎌倉幕府滅亡の地へ歩く

武士の都・鎌倉を観光する際、誰しもが足を向けるのが鎌倉幕府の初代将軍・源頼朝《よりとも》ゆかりの神社である鶴岡八幡宮だろう。鎌倉駅からも10分程度で行けて、木々が生い茂る広い境内を歩けば、なんとなくだが古都へ来た実感が得られるというものだ。

観光客で賑わう鶴岡八幡宮の近くに、鎌倉の歴史の負の側面が凝縮された、最恐の禁所があるのをご存じだろうか。

八幡宮の太鼓橋を出て左(東)へ折れ、途中の小町大路《こまちおおじ》を数十メートル南下しさらに東へ。住宅地を歩きながら東勝寺橋を渡り、上り坂になった道をさらに直進、左手に東勝寺跡の原っぱを横目に見つつ奥へ進んだ先に、その場所はある。

——腹切りやぐら。

鎌倉幕府滅亡に際して、第14代執権・北条高時《ほうじょうたかとき》率いる一族と家臣たちがいっせいに自決した場所だ。

鎌倉時代末期、1333(元弘3)年の後醍醐《ごだいご》天皇の挙兵にはじめる元弘の乱によって、足利尊氏《あしかがたかうじ》が北条氏を裏切り、かつ上野国(現在の群馬県)の御家人であった新田義貞《にったよしさだ》も挙兵し、鎌倉へ向けて侵攻。小手指原《こてさしはら》や分倍河原《ぶんばいがわら》、関戸《せきど》にて幕府軍を次々に連破し、20万を超える軍勢を引き連れて鎌倉へ迫った。当初は鎌倉の地勢を活かした防御で新田軍を跳ね返せていたものの、稲村ヶ崎から突破され鎌倉は蹂躙《じゅうりん》された。北条一族と家臣たちは抵抗しつつも北条家菩提寺である東勝寺にまで押し込まれ、そして籠城かなわず、高時をはじめ一族や家臣たちが次々と自害し血を流しながら果てていき、ついに鎌倉幕府は滅亡した。

この腹切りやぐらは、北条氏最後の場所であると同時に、元弘の乱の最後の戦い「東勝寺の戦い」の舞台でもある。

現地では異様な重圧が襲う

北条一族の悲しみが宿る地だが、じつはもともと地元では心霊スポットとして知られていた。落ち武者の霊を見た、大勢が怒る声が近づいてきた、などという話や、水

鎌倉幕府滅亡の地となった腹切りやぐら。
参拝目的以外の来訪は禁じられている。

の入ったコップを供えると数時間後にはなくなっているという伝説まで、数多く語られている。また、霊感の強い人は、この近くに来るだけでも気持ちが悪くなるという話もある。

１００名以上の武士が自ら流血しながら命を絶った地――そう聞くだけでこの地がいかに恐ろしい場所か想像できるだろう。

周囲は小高い尾根に囲われた木々の茂る鬱蒼とした崖地だ。この場所に立ってみた人ならわかると思うが、なんともいえない重たい雰囲気に、思わず身が凍る。方々から殺気を送られているような、まるで正面の尾根上に横並びになった武士たちが弓矢を構えてこちらを狙っているような、そんな鋭く冷たい空気感に、いますぐにでも逃げ出したくなる。

そして目の前に堂々と立ちはだかる「腹切やぐら　霊処浄域につき　参拝以外の立入を禁宝戒寺」という看板からも、来るなという圧が加えられるようだ。肝試しで騒ぐ輩《やから》でもいたのだろうか。参拝という本来の目的以外――肝試しや心霊スポット配信などの人間にとっては、ここはまさしく〝禁足地〟である。

看板を横目に左側の崖地へ向けてさらに歩みを進めると、窪んだ洞穴のようなものが現れる。ここが腹切りやぐらと言われている場所だ。自然の穴ぐらかと思うが、これが鎌倉特有の納骨窟《のうこつくつ》という墳墓である。なかには、小さな五輪塔があり、数十本の卒塔婆《そとば》が立てかけられていて、花や水などが供えられている。

慰霊・参拝のための場所であるため、肝試し目的での来訪は厳に慎むべき場所だ。

中河原海岸
Nakagawara-Kaigan

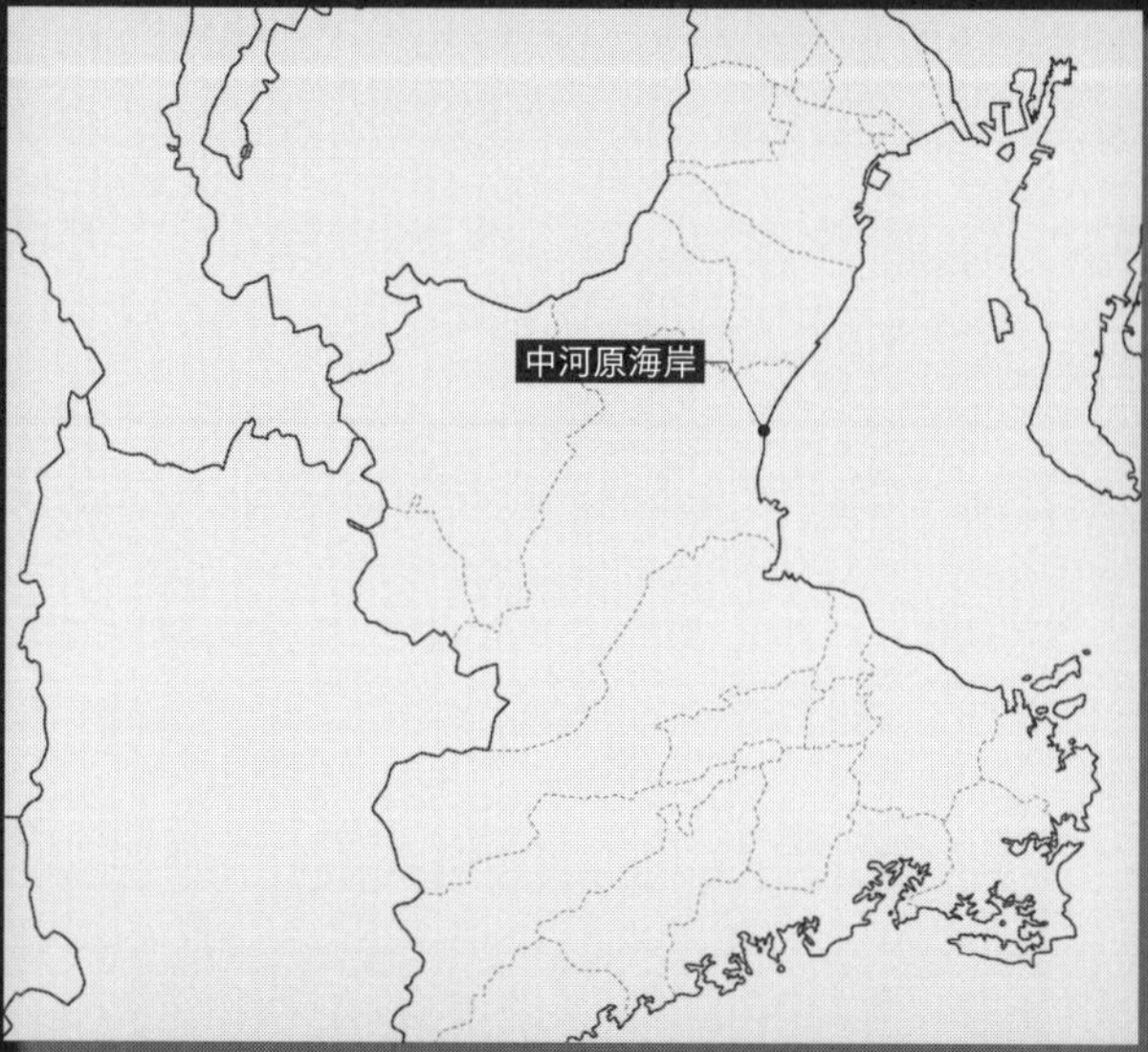

Location
三重県
津市

36名が犠牲となった呪われし砂浜

津市にある砂浜。一帯は海水浴や潮干狩り、サーフィンなどのマリンスポーツで賑わうが、ここだけは遊泳禁止。女学生36名が水死する事故の1年後に「海の守り」女神像が建てられた。

回 女子学生が海に呑まれた海難事故

1955(昭和30)年7月2日、伊勢湾に面した三重県の中河原《なかがわら》海岸で水難事故が起きた。同海岸は遠浅で波が低く、子どもが泳いでも心配のない「天然の海水プール」として知られていた。そのため、近隣からも多くの海水浴客が集まる場所だった、が――

当日は風もなく快晴で、絶好の海水浴日和だった。大勢の海水浴客とともに、津市立橋北中学校の生徒約500名と20名以上の引率教師が、この海岸を訪れていた。

午前10時頃のことだ。女子生徒たちが泳いでいた海岸から50メートル付近の沖合いを、突然巨大な波のうねりが襲ったのである。女生徒たちは次々と波に呑みこまれ、海底へと一気に引きずりこまれていった。こうして大波に呑まれた45名のうち、36名が犠牲となったのであった。

三重県津市で起きたこの水事故は、「女子学生集団水難事故」として全国で大々的に報道された。さまざまな雑誌やメディアで紹介されたので、ご存じの方も多いだろう。

その後は、教師および学校の注意義務怠慢よる業務上過失致死ということで裁判沙汰にもなったが、最終的に学校側は無罪判決を得ている。少女たちを襲ったのが、予測不能で突発的な大波――「自然現象」だった、という判断からだった。

◎戦火の悲惨な戦火が原因か

じつは、この地では過去にも類似した事件が起こっている。

この事故より10年前の1945（昭和20）年7月23日、アメリカ空軍による焼夷弾攻撃を避けて海へと逃げた約100名の人々が、同じ海岸で溺死しているのだ。それも突発的な大波によってである。その遺骨がいまも砂浜に埋まっているという。

難を逃れることのできた当時の体験者は、女子生徒たちの事故が起きたのが、その身元不明の遺体が埋められた場所の近くだったと証言している。

また当時の津市郊外で郵便局長していた人物によると、同日の空襲で警察署の地下室に避難した人々のうち、約250名が煙に巻かれて窒息死。これらの遺体の処理に困った市当局は、一部の遺体に油をかけて焼き、残りの遺体は砂浜に穴を掘って埋めたというのだ。

つまり、この砂浜は遺骨だらけなのである。だからこそ、水難事故が起きたとき「亡くなった人々の霊が成仏していないのではないか」という噂が地元で広まったのだ。

そして、それを裏づけるような週刊誌の報道が、世間をあっと驚かせた。

『女性自身』（1963年7月22日号）に、当時溺れたが助かった女生徒の体験記が掲載されたのである。それは波にさらわれ生き残った9名の少女たちのなかの数名による、奇怪きわまりない証言であった。

「頭に、ぐっしょりと水を吸いこんだ防空頭巾をかぶり、モンペをはいた何十人という女性が、こっちに向かって泳いできた。夢中で逃げようとする私の足がそのひとりの女性の手につかまれた。薄れていく意識のなかで、足にまとわりついた防空頭巾姿の女性の白い無表情な顔を見続けていた」

また、別の証言者の体験記もある。

「泳いでいると、数メートル先で、何名かの女子が悲鳴をあげながら溺れはじめた。驚いて助けを呼ぼうと、海岸のほうへ向きを変えて泳ぎはじめた足に、何か冷たいものがからみついた。海草だと思って振り払おうと何気なく見ると、それは〝人の手〟だった。しかも、海底の暗がりのなかから人の手が次々と伸びてきて、足をつかもうとしていた。さらに恐ろしいものが見えた。無数の人の手の向こう側に防災頭巾をかぶったたくさんの顔が見えた。そこで気を失い、気づいたときは救助されたあとだった」

これだけなら、彼女たちの幻覚だったともいえるかもしれない。しかし、もっとリアルな証言がある。

「友達が、黒い影に抱かれ、海底に沈んで溺れていく光景を目撃した。すごく怖かった」

30名という多数の犠牲者を出した、この悲惨な水難事故の真相は、果たして〝成仏できない霊たち〟の仕業だったのだろうか。

犬鳴トンネル
Inunaki-Tunnel

福岡県
宮若市・糟屋郡久山町

恐怖の村伝説を生んだ峠の忌み地

福岡都市圏と筑豊圏をつなぐ、交通量の多い峠道にかかるトンネル。1975（昭和50）年に開通した新隧道と、その前からあった旧隧道があるが旧隧道は前後の廃道も含め立ち入り禁止。だが登山者のみ一部通行可。

回 犬鳴村最恐伝説は本当か

2020（令和2）年2月7日、『犬鳴村』が公開された。日本最恐の心霊スポットと名高い、福岡県にある犬鳴トンネルの逸話と、10年ほど前からネット上で都市伝説マニアや心霊マニアの間で話題になっていた「犬鳴村伝説」をミックスさせた、ホラー映画である。

この都市伝説である「犬鳴村」とはいったいどんな村なのか。この村にまつわる奇妙な話はあとを絶たない。

「村の入り口に『この先日本国憲法通用セズ』という看板がある」「この村は地図から抹消されているが密かに存在し続ける」「江戸時代以前にその村の人々は酷い迫害を受けたため、外部との接触を一切持たず、完全に自給自足で暮らしている。閉ざされているゆえに近親交配を繰り返している」「興味本位で村に入ったカップルが惨殺された」「戦前から伝染病の隔離施設があり、戦況が悪化したため国はこの施設を見捨てたが、病を患いながらも生き残った人々がいまもひっそりそこで暮らしている」

――など、にわかには信じがたい「犬鳴村」に関する噂はさまざま囁かれている。

調べてみると、犬鳴村という村は1889（明治22）年まで、福岡県鞍手郡に確かに存在していた。

しかし、都市伝説で囁かれている犬鳴村とはまったく様相の異なる、ごく普通の集落であった。村が消えたのも、市町村合併によるもので、大きな事件や政府の陰謀めいたものは存在しない。

実際に存在していた現在〝旧〟犬鳴村のあった場所は、1994(平成6)年の犬鳴ダムの完成により、大部分がダムの底に沈んでしまっている。ただ一部分だけが、平成の大合併により宮若市の一部になっており、現在でも居住者がいる。

ただ、「犬鳴」という地名は、いまでも残っている。土地に残る「犬鳴」という名の由来は、次のように伝承されている。

――昔、イヌを連れて狩りに来ていた猟師が、そのイヌがあまりにしつこく吠えるのに苛立って殺してしまう。その直後のことだ、猟師の目の前に巨大な龍が現れ、襲いかかってきた。なんとか難を逃れた猟師は、イヌが吠えていたのは危険を知らせてくれていたのだと知ることになる。自らの行ないを悔やんだ彼は、イヌを手厚く葬った――

かような興味深い由来のある「犬鳴」地区だが、ここまでのところでとくに恐ろしい逸話などは登場しない。ネットで噂されているような怪しげな都市伝説が囁かれるようになった原因はとくに見当たらないのだが……じつは、その伝説の裏側には、高度経済成長の闇ともいえる、さまざまな「事情」と、この地で起きた凄惨な「事件」が存在していたのだ。

回 実際に起きた悲惨な事故と事件

犬鳴峠にかかる旧犬鳴トンネルは、1932（昭和7）年から何度となく工事の中断を余儀なくされながら、7年もの歳月をかけてようやく完成したものだ。今日のような高度な技術がなかった時代のことだ、このトンネルの建設工事中には、不慮の事故で犠牲になった関係者が多数存在したという。

時間と労力、そして犠牲を積み重ねて完成されたトンネルであったのだが、1975（昭和50）年に現在の県道21号が通り、そこに新犬鳴トンネルが開通すると、たちまち山奥の旧道として取り残されてしまう。同時に、旧トンネルは通る人影もまばらとなり、淋しい場所となっていき、廃れていくことになる。

そんなときのことだ。1988（昭和63）年12月7日、旧トンネルから数百メートル離れたところで、凄惨な事件が発生した。それは、当時16から19歳の少年たちが引き起こしたものである。被害者は当時20歳だった青年で、少年たちはこの青年に車を借りようとしたが断られたことに腹を立て蛮行に及ぶ。

青年を拉致したあげく、あろうことか、両手足を拘束したままでガソリンをかけて、焼死させてしまったのだ。文字通り筆舌に尽くしがたい凄惨な事件が、この地で起こっていたのだ。都市伝説や幽霊よりも、生きた人間のほうがよほど恐ろしいとよく言われる昨今

1975(昭和50)年に開通した新犬鳴トンネル。
現在はこちらが主要道路だ。

旧犬鳴トンネル入り口。左側に記念碑が立つ。

だが、これもそう思い知らされる事件のひとつだ。

旧トンネル開通工事において実際に起きた不慮の事故、その付近で起きた凄惨な事件、そして不運なトンネル自体の末路……おそらく、こうした事故や事件の記憶が折り重なって、犬鳴村の都心伝説は生まれたのだろう。それがやがて、心霊スポットとしての噂につながり、さまざまなフォークロアが囁かれたのではないだろうか。

現在、旧トンネルの入り口は厳重に封鎖されている。

凄惨な事件があったためか、またはかねてより不法投棄や暴走族の溜まり場になっていたためか、それともネット上で犬鳴村伝説が囁かれるようになったからか、いったいいつから封鎖がされたかは定かではないが、まるでトンネルのなかにいる〝何か〟をわざと覆い隠しているような、慌てて蓋をしたような、そう思わせるような形でコンクリートブロックが積まれて封鎖されている。

トンネルに向かう旧道にも柵が設けられ、通行は禁止されている。現在、柵には監視カメラが設置されており、無断での立ち入りは処罰の対象になるとのことだ。ここもまた、法的な〝禁足地〟になったのである。

八甲田山 *Hakkōda-San*

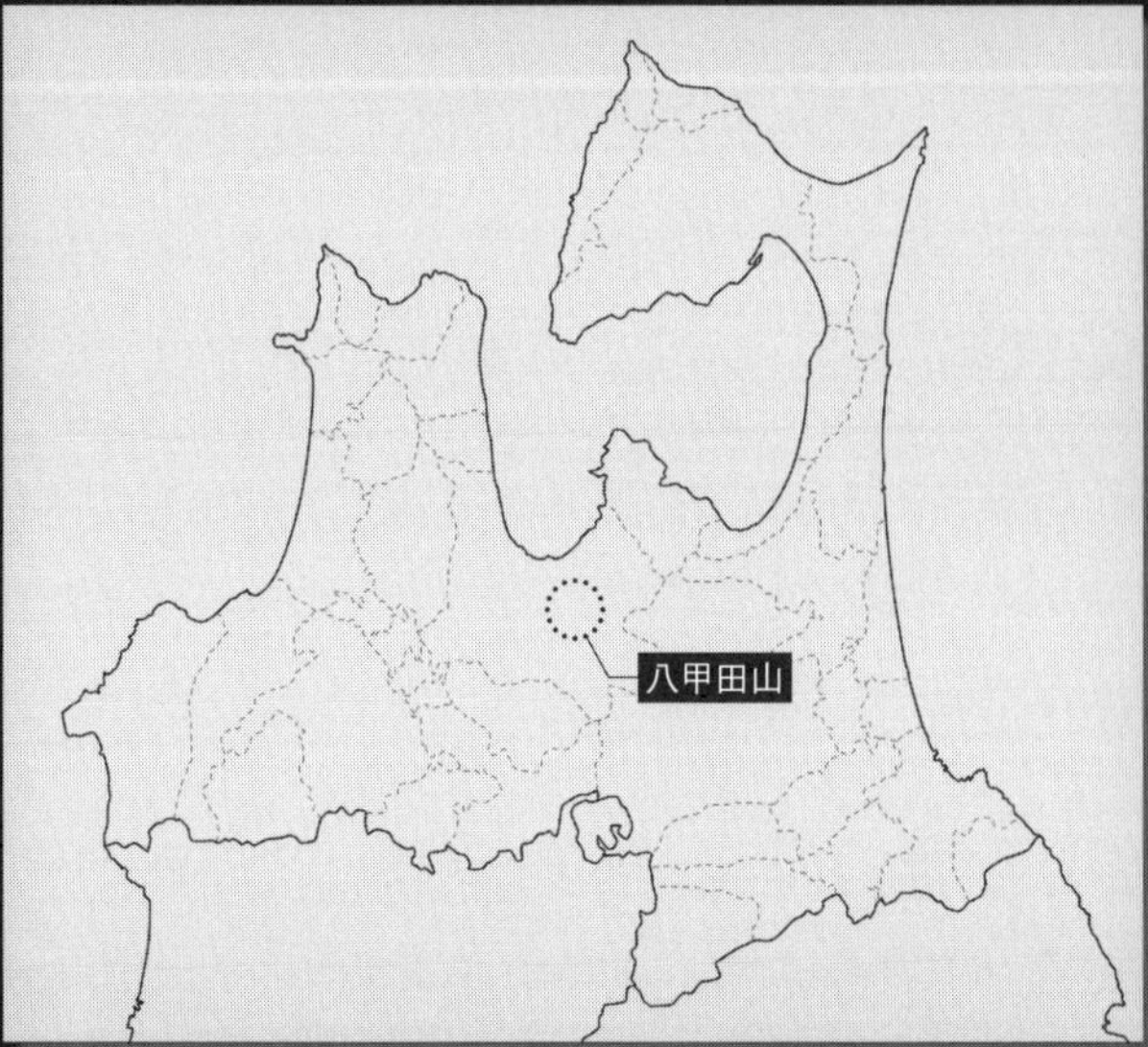

Location

青森県
青森市・十和田市

兵士の霊がいまも彷徨う雪深き異界

青森市南部にそびえる標高1585メートルの大岳を主峰とする火山群。固有の動植物を擁する湿原が多く、一帯は十和田八幡平国立公園に指定され自然環境が保護されている。山岳スキーや温泉としても賑わう。

回 近代最大級の山岳遭難事故

青森県の八甲田山で、いまから120年以上も昔、悲惨な遭難事件が起きた。この悲劇は新田次郎の小説『八甲田山死の彷徨』と、それをもとに映画化した『八甲田山』によって、一躍世に知られた。

だが、その悲劇の陰で、じつに奇妙な幽霊話も生まれていた。この話を紹介する前に、まずはこの地で起きた悲劇についてお話ししておこう。

日露戦争を間近に控えた1901（明治34）年末、大日本帝国陸軍はある訓練を計画した。それは極寒の地シベリアでの戦いを想定した雪中行軍訓練で、真冬の八甲田山で実施されることになった。

翌年1月、青森市の歩兵第五連隊第二大隊と、弘前市の歩兵第三十一連隊による雪中行軍が行なわれた。

1月20日に弘前を出発した第三十一連隊38名は、深い雪に覆われた八甲田山の周囲一周という任務を、ひとりの犠牲者も出すことなく無事にやり遂げた。だが、1月23日に青森を出発した第五連隊210名はそうはいかなかったのだ。

地元村民による案内役を断り、記録的な大寒波の襲うなか、地図とコンパスのみで八甲田山走破に出発した第五連隊は途中、猛吹雪に見舞われ道に迷ってしまう。そして、連日にわたって寒さと疲労で倒れる兵士が続出したのである。この結果、第五連隊は210名中、じつに199名の命を失うこととなったのだ。生き残った11名のほとんどが、凍傷によって手足を失った。

この遭難事故において、2日目に迷い込んだ駒込川《こまごめがわ》の支流である鳴沢《なるさわ》の峡谷がもっとも壮烈な場所だったといわれている。猛吹雪のなか沢に迷い込んだ彼らは沢を下ったり登ったりを繰り返すなどひたすら彷徨《さまよ》い続けたため、次々と隊員が命を落とした。その晩も鳴沢から出られず、上流部の窪地で「第二幕営地」をつくり露営したものの、凍傷と体力低下によってここでも多くの隊員が凍死したのである。

現在は、行軍の参加者・後藤房之助《ごとうふさのすけ》伍長の銅像が彼の発見場所の付近に建てられている。伍長は意識を失いながら行軍し、仁王立ちのまま仮死状態で発見され、結果救助隊の道標になり発見を早めた。帰還後は村会議員を務めている。

自衛隊兵舎に出現する兵士の霊

これが、世界的にも稀な山岳大量遭難死事件のあらましである。

では、この事件にまつわる怪談とは、いったいどんなものなのか？

怪談のはじまりは、青森市にある兵舎で起きた怪異だ。

「歩調とれ！　かしらー右！」

「寒い……寒い……」

行進する軍靴の足音とともに、山中をさまよう兵士たちの声が聞こえたことが発端らしい。

これはいまからおよそ半世紀前に刊行された書籍『青森県の怪談』（北彰介編／津軽書房）に、「雪中行軍の幽霊」という題名で収められているエピソードだ。

それ以外にも、じつは前述の『八甲田山死の彷徨』の「取材ノート」にも、やはりこうした怪異話が登場する。

――毎晩聞こえる幽霊の行進の足音のために、兵士の脅え方がひどいので、連隊長がひと晩、泊まり込んで幽霊の出現を待つことにした。明け方近く、無気味な行進の足音が聞こえた。そこで連隊長は霊たちに大声で慰めの言葉をかけ、最後に軍刀を抜いて叫んだ。

「青森歩兵第五連隊雪中行軍隊、回れ右！　前へ進め！」

すると足音は次第に遠ざかり、それ以来、二度と聞こえることはなくなった――

県道40号沿いにある鳴沢第二幕営地の碑。

鳴沢の激流。
多くの兵士が命を落とした場所だ。

回 現在でも目撃される死の彷徨

ところで、「幽霊を見た」とか「行軍の足音を聞いた」という怪談話は、いまでも聞かれる話なのだろうか？

登山が趣味で八甲田山にもよく訪れるという、とある人物いわく――

「ぼく自身は経験したことがないんです。でも、いまでもあるらしいですよ。あの後藤伍長の銅像近くにある銅像茶屋の駐車場で、『ザッ、ザッ』という行進するような音を聞いた若者が、真っ青になって逃げ帰ったという話を聞きました。これは、最近のことらしいですよ。『兵士の幽霊の群れに囲まれた』と訴えた女性もいたそうです」

やはり、噂通りのことは起きているようだ。そしていまでも怪異は続いているらしい。

「銅像茶屋の人々も時々見てしまうそうですよ、兵士の幽霊を……。外に誰もいないのに、何者かが店のシャッターを叩いたり、野外で大勢の人が騒いでいる気配がして、何事かと外を見てみると、どこにもそんな人影などない。こうしたことは、決して珍しいことじゃないらしいです。兵士たちはきっと、成仏していないんじゃないですかね……」

彼の「兵士たちは成仏しきれていない」という言葉がなんとも言えない重みを帯びている。極寒のなか極限状態で命を落とした兵士たちが安らかに眠れるよう祈るばかりだ。

青木ヶ原樹海 *Aokigahara-Jukai*

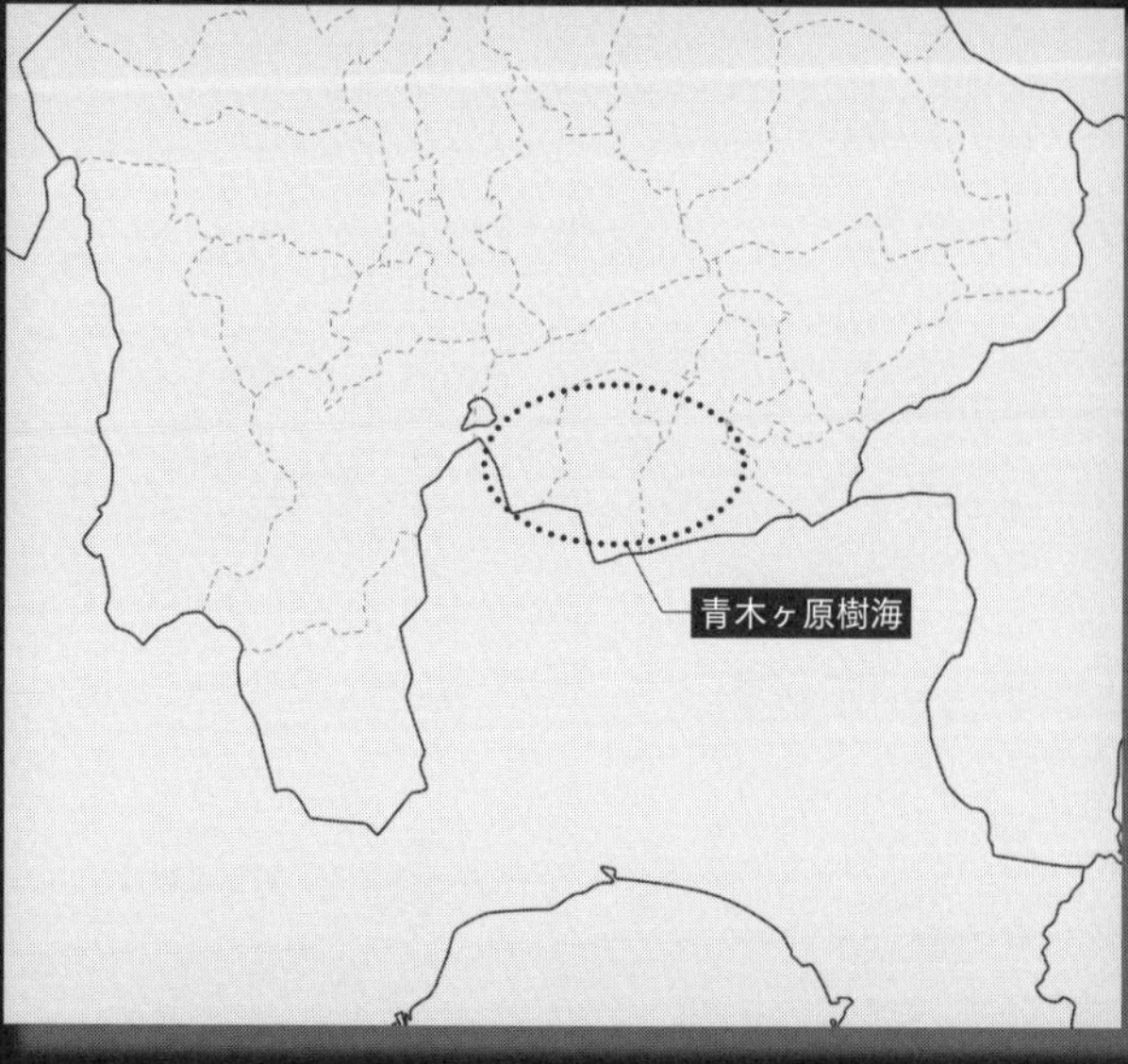

自殺者が殺到する天然の魔境

富士山の北西、溶岩台地上につくられた原始林。世界文化遺産「富士山—信仰の対象と芸術の源泉」に含まれているほか、富士箱根伊豆国立公園に属し、国の天然記念物にも指定されている。富岳風穴、鳴沢氷穴などの観光地もある。

Location
山梨県
南都留郡
富士河口湖町・
鳴沢村

観光名所だが道を逸れると危険地帯

標高3776メートル、日本一の高さを誇る名峰・富士山の裾野に青木ヶ原樹海がある。正確な場所は富士山の北西、山梨県の富士河口湖町と鳴沢村に跨ったエリアに広がっている。過去の噴火で流れ出した溶岩台の上に、鬱蒼と木々が生い茂った広大な森である。その面積はおよそ3000ヘクタールで、東京都心部を巡る山手線内の面積にも匹敵する広大さだ。

2021年に公開された映画『樹海村』も、その名の通りこの地が舞台。某ネット掲示板サイトで大勢の心霊マニアを震えあがらせた呪いの箱「コトリバコ」も登場する、最恐ホラー映画だ。

ご存知の通り、この樹海はいわずと知れた自殺の名所でもあり、「樹海に足を踏み入れた者は二度と抜け出すことができない」ともいわれている。

――青木ヶ原樹海は、富士山の噴火でできた溶岩の上に広がっているため、方位磁石の針があちこちに振れて使い物にならない。しかも、生い茂る木々で昼でも暗い。それゆえ、よほど慣れた者でもない限り、道に迷ってしまう。自殺の名所であるがため、あちこちに死体や骨が転がっている――

こうしたことが都市伝説としてではなく、事実として伝わっているが、意外にも国道や遊歩道が整備されていて、近くにはキャンプ場や公園もあり、ハイキングや森林浴を楽しむことができる場所だということをご存知だろうか？

じつは、この青木ヶ原樹海周辺は、富士山と周辺の湖による競演が美しい景観を現出しており、観光名所としても人気のスポットなのである。

しかし、樹海に人が入る遊歩道が整備されているといっても、そのコースを一歩でも外れてしまうと、奥深い森の闇に迷い込んでしまう危険性は充分にある。整備された遊歩道から300メートルも離れてしまえば、もはや案内板や遊歩道すら見えない。360度どこを見渡しても同じように鬱蒼と生い茂った木々しか見当たらず、方向感覚を失ってしまうのだ。

また、地面はむき出しの溶岩が連なっており、足場が悪い。慣れた者でなければ、まっすぐ進むことすら、まず困難である。樹海に迷いこんだら抜け出すことができないというのも、戯言《たわごと》ではないようだ。

もっとも現在、遊歩道以外は立ち入ってはならない決まりがある。富士箱根伊豆国立公園に属するこの青木ヶ原樹海は、国立公園の特別保護区であり、かつ国の天然記念物に指定されている。また、世界文化遺産「富士山 信仰の対象と芸術の源泉」の富士山域に含まれており、無許可で遊歩道以外へ侵入することは固く禁じられている。つまり、この場所は一度踏み入れれば無事に帰ってこられる保証のない異界であると同時に、法律的には立派な禁足地になっているというわけだ。

どうしても遊歩道から奥へ進みたい場合は、樹海を案内する公認ネイチャーガイド制度があるのでそちらを利用するのがおすすめだ。

◎実録樹海遺体目撃談

かつて樹海に取材で訪れた、とある女性編集者がいる。彼女に話を聞くと、恐るべき事実を語ってくれた。

「樹海の取材に行って、私、見つけてしまったんです」

見つけたって、まさか？　そう、彼女は樹海のなかで命を絶った人の遺体を見つけてしまったというのだ。

「あちこちに死体があるというわけではないんですが、自殺防止を呼びかける看板は至るところにありました。それだけでもう気味が悪かったですね。私が自殺体を見つけたのは、本当に偶然だと思います」

やはり樹海のなかに死体が存在するのは、本当のようだ……。

「それほど樹海の奥に入ったわけではないのですが、発見してしまったんです。あとで聞いたんですが、自殺体は遊歩道からそれほど遠くない場所で見つかることが多いみたいです。怖かったし、しばらくはショックだったですね。でも見つけてしまったからには、ちゃんと警察に通報して引き取りに来てもらいました。もう白骨化したご遺体だったんですが、家族のもとに帰ってきちんと供養してもらえているといいのですが……。ご冥福を祈るばかりです」

この生々しい遺体発見談を知って、恐怖よりも、なんともいえない痛ましい気持ちになった読者もいるだろう。

樹海で自らの命を散らす人は、あとを絶たない。おそらく霊峰富士の裾野に広がる樹海には、いまなお浮かばれない魂が漂っているのだろうか。

樹海の地面。溶岩の複雑な隆起の上に木々の根が絡み合い苔に覆われている。

◎彷徨う怨霊を持ち帰る可能性も

最後にもうひとつ、素朴な疑問として、「方位磁石の針が狂う」という噂は本当かどうか、彼女に聞いてみた。樹海の地盤は磁鉄鉱を多く含むので、確かに方位磁石に若干の狂いは生じるという。ただ、彼女の実体験では、それほど大きな狂いは生じないということだ。

しかしそれでも、遊歩道から樹海の奥に入るときは、もとにいたコースに戻れるように目印をつけておいたり、命綱としてビニール紐などを身体につけておいたりするなど、細心の注意を払って行動する必要はある。

樹海の取材から無事〝生還〟できた彼女の体験談から、我々がこれまで耳にしてきた樹海の都市伝説が、少し誇張されて伝わってきたものだということがわかった。

しかし、彼女の体験談には、続きがあった。樹海から戻ってからのしばらくの間、携帯電話に不可思議な着信が連続するという怪現象が続いたというのだ……。

もしかしたら、樹海で出会った〝誰か〟からのメッセージだったのかもしれない。

富士山麓に広がる青木ヶ原樹海――そこにはやはり、浮かばれない魂が彷徨っているのかもしれない。

空木平避難小屋

Utsugidaira-Hinangoya

Location

長野県
駒ヶ根市

遭難者の遺体を処理した心霊山小屋

日本百名山にも選ばれている中央アルプスの一座・空木岳の東側、空木平カールに建つ無人の山小屋。駒ヶ根市が管理しており、宿泊者1名あたり1000円の協力金が必要。一度に最大30名は収容可能。

回 遭難者の遺体を火葬した小屋

長野県のほぼ中央部を南北に貫く中央アルプスの一座・空木岳《うつぎだけ》。一帯の山々を見渡せる眺望やハイマツに覆われた斜面にところどころ白い岩肌が覗く山容が見事で、日本百名山にも選出されている名峰だ。

ここに、いわきつきの恐ろしいスポットが存在している。

それは、山頂より少し東、駒ヶ根市側に下ったところにある空木平避難小屋という無人の山小屋である。

かつては汚いボロ小屋であったらしいが、2003(平成15)年に改築工事が施され、現在は地元の駒ヶ根市が管理しており、小屋裏にはトイレも設置されている。近くの沢には水も流れており、水分の補給も可能。また、晴れた日には空木岳の山容が眼前に迫るようにそびえ、反対側を見れば南アルプスの山容まで一望できる素晴らしい立地にある小屋だ。

このきれいで整った小屋が、じつは恐ろしい異界なのだ。

というのも、ここはかつて山岳事故による遭難者の遺体一時安置所として使用されていた過去がある。1950年代より前の話だが、なんでも遺体を安置するだけでなく小屋の前で火葬して一時的に埋めていたこともあるらしい。墓穴が浅く、後日になって白骨が剝《む》き出し状態で晒されていたという逸話も伝わっている。

回 異音に続きさまざまな亡霊の姿も

そうした陰惨な過去があるからか、この小屋における心霊体験談は枚挙にいとまがない。たとえば――

夜、明かりを消して就寝しようとした直後に誰もいないはずの床板が「ミシッ……」と軋《きし》みだしたことからはじまって、小屋の至るところから「パキン！」「ドンドン！」と何者かが鳴らすような怪音が一晩じゅう聞こえてきた、なんて体験談もネット上で投稿されている。

ほかにも「前を流れる沢の下流側からチリーンという鈴の音が聞こえ、そのうちに足音が小屋の前に近づいてきたと思えば、

霧のなかに佇む空木平避難小屋。手前にある地面の下に火葬した遭難者の遺体を仮埋葬していたという。

音が小屋の屋根を登りはじめた」などという怪音の体験談や「沢の対岸に透き通って見えた人が立っているのが見えた」「小屋の外の暗がりに、人の頭蓋骨が浮き上がっていた」という幽霊の目撃談もある。

これだけでない。以前、この小屋で宿泊したという登山者の男性Nさんも、奇妙な体験をしている。

嵐のなか、這う這うの体で小屋へたどり着き、就寝したが眠れなかったという。夜寝ているときに屋根を叩く雨音や強風で扉が揺れる「ゴンッ」という音に混じって、外から扉をノックする音が一晩中聞こえ続けていたのだそうだ。気のせい、風のせいだと思えばそうかもしれないが、「コン、コン」という、とても人為的な、扉を叩くかのような規則正しい音がずっと聞こえていたのは、たいへん不気味だったであろう。

ここは使用料の1000円さえ支払えば誰でも宿泊できる場所である。といっても、避難小屋なので布団などはもちろんなく、宿泊装備を持参した登山者しか利用しないので、一般人が容易に訪れることは困難であろう。もし訪れるならば、登山の危険も考慮したうえでなければ、過去の遭難者と同じ末路をたどるかもしれない。ここは人の住む場所とは隔絶された異界なのである。

八王子城跡 *Hachiōji-Jōseki*

Location

東京都
八王子市

戦国の怨念渦巻く
東京最恐禁所

小田原城に本拠を構えていた後北条氏の支城。北条氏照が防衛力強化のため滝山城から移った。戦国の山城としての状態がよく残っていることなどから日本100名城に選定されている。

回 流血の惨事が起きた東京最恐スポット

東京都八王子市――JR中央線と京王電鉄が乗り入れる高尾駅より北へバスで向かい八王子霊園の前で下車。そこから西へ城山川をさかのぼるように並行する道を行くと、史跡・八王子城跡の入り口へたどり着く。

この八王子城、じつは東京最恐の心霊スポットとして名高い場所。なんでも昔、この地で起きた惨劇によって、いまも怨霊が彷徨っているらしいのだ。この八王子城で何が起きたのだろうか。

――この城は戦国時代、小田原に本拠を構え関東一円を治めていた後北条氏の支城として、1584(天正12)年から1587(天正15)年頃にかけて築かれた。城主は北側の多摩川沿いにあった滝山城から移ってきた、後北条氏三代目の北条氏康の三男・北条氏照《うじてる》であった。

この城が築かれたのも束の間、1590(天正18)年になると、豊臣秀吉による関東制圧の一環として激しい攻撃に遭う。秀吉は小田原城に籠もる北条氏政《うじまさ》に降伏を迫るため、周囲の支城からじわじわと攻め落としていったが、ここ八王子城は見せしめのため、東北・北陸から来る前田利家《まえだとしいえ》・上杉景勝《うえすぎかげかつ》ら率いる豊臣方の数万の大軍により、徹底的に攻められ、殺戮されたのである。

八王子城が攻められたとき、城主の氏照をはじめ主要な家臣は小田原城へ参じており、険しい地形を利用した堅城にもかかわらず当時は手薄な防備であった。留守を任されていた横地《よこち》監物《けんもつ》や中山勘解由《かげゆ》らわずかな武士しかおらず、あとは逃げてきた女性や子どもを含む農民らが3000人ほどのみ。彼らだけでは武士数万の大軍には敵わず、城はわずか一日で陥落し、籠城していた者たちは皆殺しにされた。

このとき、城に残っていた氏照の正室や娘をはじめ、籠城していた女性たちの多くは、敵軍の慰み者になることを拒み、自害したという。とくに自刃したあとに身を投げたと伝えられる御主殿の滝は、落城から三日三晩も、血で真っ赤に染まり続けたと伝わる――

落城の際に婦女子が身を投げた悲劇が伝わる御主殿の滝。

回 落城の日は怨霊鎮まらぬ異界に

八王子城跡には、当時命を落とした者たちの怨念が霊となり、いまも彷徨っていると伝えられている。多くの婦女子が自ら命を絶った御主殿の滝付近では、夜な夜な女性のすすり泣く声が聞こえたり、山城のなかでは武士の霊を見たりといった話もある。

また、落城の日である7月24日(旧暦6月23日)には、地元の人は誰も城跡に近づかないらしい。このときは人々の雄たけびや馬の嘶《いなな》きに加え、剣戟《けんげき》のような鋭い音など、現実には存在しないさまざまな怪音が聞こえるそうだ。つまりこの日だけ、八王子城跡は霊たちによって中世の戦がいまも行なわれている異界に様変わりするのだ。

恐ろしい逸話が数々語られているが、ここは日本百名城に数えられ、かつ日本遺産「霊気満山　高尾山〜人々の祈りが紡ぐ桑都物語〜」の構成文化財のひとつでもある重要な観光地だ。バス停から歩いた先には駐車場があり、その横には展示スペースなどが設けられた八王子城跡ガイダンス施設がある。

一方、夜に訪れる場合はまるで別世界だ。ひんやりとした鋭い空気に包まれつつ、誰かがこちらを窺っているような殺気めいた気配が常に漂った恐ろしい場所に変貌する。夜に訪れるのも特段禁じられているわけではないが、夜間登山は転倒、滑落の危険性も高まるため十分に気をつけたい。

泣く木 *Crying Tree*

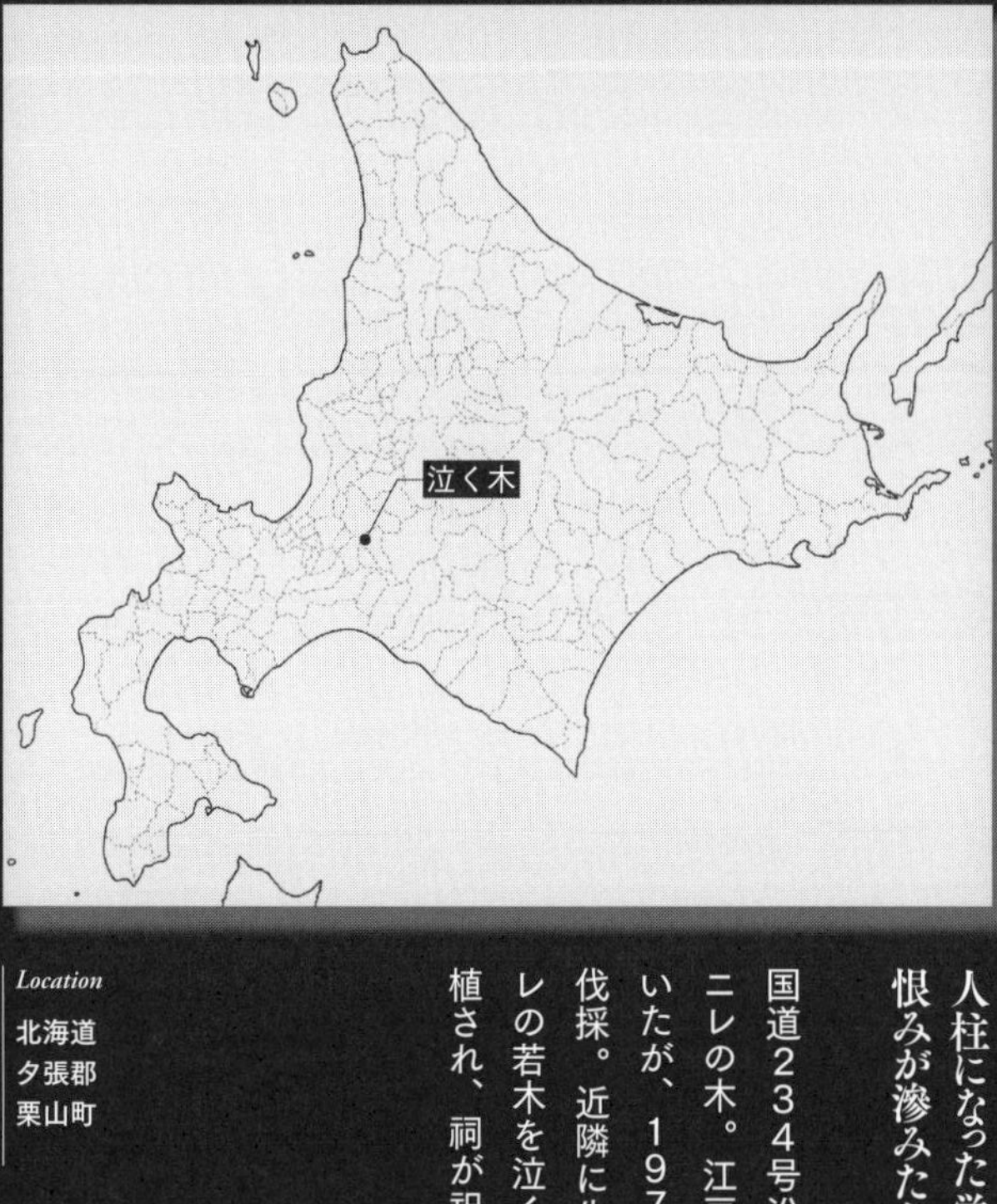

人柱になった労働者の
恨みが滲みたトンネル

国道234号沿いにあったハルニレの木。江戸時代から生えていたが、1970（昭和45）年に伐採。近隣に生えていたハルニレの若木を泣く木2世として移植され、祠が祀られている。

Location
北海道
夕張郡
栗山町

◎伐採者に祟りをもたらすニレの木

伐採しようとすると、キュー、キューと悲鳴にも似た無気味な泣き声をあげて、斧を持つ手を、ノコギリを引く腕を、チェーンソーの歯を止める奇妙な大木がある、いや、あったという。

現場は北海道夕張郡栗山町《くりやまちょう》の市街地から、国道234号を北へ2キロメートルほど行ったところ。国道をはさんで夕張川と1891(明治24)年に開通した「栗山トンネル」が並んでいる。泣く木は、栗山トンネル側の石垣の上にあった。残念ながら、現在は太い切り株を残すのみである。

5年ほど前まで栗山町の役場に勤めていた、現在は郷土史のSさんがこの木にまつわる因縁話をしてくれた。

「泣く木の話、あれは単なる伝説ではなく、本当の話です。1891年開通の栗山トンネル、あれは大変な難工事で、たくさんの労働者が死んでるんです。飯場で働いていた女性も〝泣く木〟に登って首つり自殺しています。そういう人たちの怨念がニレの木に乗り移ったんでしょう」

ニレの木にはいつも首つりの縄が風に揺れていたし、根元付近の土中には、トンネル工事の犠牲者数十人が埋められているという。

最初に怪現象が起こったのは1925(大正14)年。トンネルの近くで道路工事が始まり、ニレの木が邪魔だというので切り倒そうとした。だが、ニレの木はキューキューと無気味な声で泣き、ノコギリが急に折れて工事人は大けがをした。斧で切ろうとした人は斧の柄が折れて刃が腰に当たって急死。そこで、馬を4頭使ってロープで引き倒そうとしたところ、突然ロープが切れて、倒れた作業員は馬の下敷きになって死亡。馬までもが死んだという。

次いで1932(昭和7)年、道路工事のため、またもニレの木を切ろうとしたが、ノコギリがぴくりとも動かなくなってしまった。しかも、泣き声を聞いていると妙に眠くなってしまうというのだ。結局、木を切ることはできず、道路は大きく迂回することになった。ところが、1970年(昭和45)年8月2日、祟りなど迷信にすぎないといって、若い男が酒に酔った勢いで、泣く木を電動チェーンソーで切り倒してしまったのだ。

奇怪なことに、男はその夜から激しい腹痛に苦しみ、病院にかつぎ込まれて急死してしまった。その後もニレの木があった周辺の道路では、なぜか年に2、3件の交通事故が発生したり、事故で死んだ若い女性の幽霊が出たりと、いまでも、不思議な現象が次々と起きているという。

このため、栗山町の人々は、泣く木の根元に交通安全のための小さなお地蔵さんをまつり、線香を供えるようになった。

無念にも命を落とした労働者の霊

この泣く木にまつわる因縁の発端となったと思われるトンネル工事には、多数の囚人労働者が強制的に投入されたという話もある。

北海道には、労働者が苛酷な開拓作業に駆り出されていた話が数多い。たとえば、北見市にある鎖塚《くさりづか》には、早朝から深夜まで、食事もろくに摂れないまま従事させられた苛酷な道路工事のすえに命を落とした網走刑務所の囚人212人が眠っている。彼らは逃走防止のため2人1組で足に鎖をつながれたあげく、耳に穴を開けられて足と耳を鎖でつながれていた。したがって鎖塚という名前だが、いまもジャラジャラという鎖を引きずるような金属音が現地では聞かれることがあるという。

ほかにも、JR石北本線の生田原駅の南側にある常紋《じょうもん》トンネルもタコ部屋労働者の手によるもので、工事中に脚気や事故で命を落とした人もいるほか、なかにはリンチを受け山林に埋められたケースもあったらしい。また、人柱にされた労働者もいたようで、1970年の十勝沖地震での損傷個所を改修工事した際には大量の人骨が発見され、なかには壁から立ったままの人骨が出てきている。北海道には、触れてはならぬ闇があるのかもしれない。

関ヶ原古戦場 *Sekigahara-Kosenjō*

武者の怨霊が彷徨う天下分け目の古戦場

徳川家康率いる東軍と石田三成率いる西軍が、日本の政治権力をかけて天下分け目の合戦をした場所。現在は岐阜関ケ原古戦場記念館が建つほか、全体が国指定史跡となっており馬防柵などが復元されている。

Location
岐阜県
不破郡
関ヶ原町

回 天下分け目の大合戦の犠牲者の霊

1600（慶長5）年9月15日に徳川家康率いる東軍と、石田三成《いしだみつなり》率いる西軍が日本の覇をかけて争った、天下分け目の大合戦・関ヶ原の戦い。この古戦場跡地が、岐阜県不破郡関ケ原町の一帯だ。農地や住宅地として開発されつつも、一部は古戦場として整備が進んでおり、笹尾山《ささおやま》・石田三成陣地跡や島津義弘《しまづよしひろ》陣跡のほか、三成の盟友である大谷吉継《おおたによしつぐ》の墓などもあり、歴史戦国好きなら一度は足を運んでおきたい観光スポットである。

しかし、この古戦場には関ヶ原の戦いで命を落とした武者の霊が出没するといわれている。古戦場見学の際、ある観光客が記念写真を撮ったが、そのときに鎧《よろい》を着た武者のようなものが写ったらしい。ほかにも雄たけびの声や、ガシャガシャという甲冑が擦《こす》れあうような音が聞こえたという体験談もあるほか、血だらけの落ち武者を目撃したという話もある。地元の人のなかでとくに霊感の鋭い人は「身体が重くなるから」といって、古戦場に近づきたがらないそうだ。

合戦では東軍・西軍合わせて15万の兵が戦い、数万の死傷者を出した。なかには大谷吉継のように自害して果てた者もいるので、彼らが皆成仏できたとは到底思えない。いまも

「史跡　関ケ原古戦場決戦地」の石碑。徳川家康の旗印「三つ葉左葵巴の紋」（右）と、
石田三成の旗印「大一大万大吉」がはためく。

石田三成が陣を敷いた笹尾山に再現された馬防柵。
この付近でも武者の霊が目撃されている。

古戦場周辺で、武者の霊が彷徨い続けている可能性は高い。

ちなみに、戦いの途中で西軍から東軍につき、戦いの勝敗を決定づけた小早川秀秋《こばやかわひであき》は戦後、岡山城を与えられ5万石の大大名となった。しかし、そのわずか2年後、秀秋は20歳の若さでこの世を去ってしまう。西軍の将だった大谷吉継は、自害の前に「人面獣心なり。3年の間に祟りを成さん」と、秀秋の陣を睨《にら》みつけながら自害した。秀秋は吉継の祟りで心を病み、苦しみ悶《もだ》えながら死んでいったとも伝わる。

関ケ原古戦場跡の全景。約400年前にここで多くの武者が血を流して命を落としていった。

不敬な来訪者に
祟りをもたらす
聖なる禁足地

日本では山河や草木、自然万物に神宿ると考えた独特の宗教観が根付いてきた。そのなかには決して破ってはならない禁忌がいまだ厳格に守られているところもある。触れてはならぬものを侵したとき、いったい何が起きるのか――。

オソロシドコロ

Osoroshidokoro

命に関わる絶対禁忌が残る畏怖の祠

対馬市南部にある龍良山に鎮座する祠。一帯は人の手が入っていない原生林が維持されているため、国の天然記念物に指定されている。近年ではトレッキングツアーも組まれており一般人でも行くことができる。

Location

長崎県
対馬市

独自に醸成された天道信仰の異界

日本列島と朝鮮半島のちょうど中間に浮かぶ対馬は、本土とは異なる独自の環境が育まれた島だ。国の天然記念物に指定されているツシマヤマネコをはじめ、ニホンジカの亜種であるツシマジカや、ほかにもツシマサンショウウオ、ツシマテン、ツシマママムシなど対馬固有の珍しい生物種が多い。

この特殊な立地状況は歴史的にも独自性を生み、白村江《はくそんこう》の戦いにおける要塞、元寇の襲来、朝鮮出兵の中継基地、近世には朝鮮通信使をはじめとする日朝外交の仲介役など、日本列島と朝鮮半島の交通の要衝としてあり続けた。

こうした対馬の独自性は、文化・宗教の面でも色濃く反映されていた。対馬では、日本中あまねく広まった神道や仏教とも異なった、あるいはそれらが習合した「天道信仰」という独特の宗教観が存在していた。神道の起源とも通ずる太陽崇拝や山岳信仰、それに母子神信仰に加え、仏教の真言宗などが習合したもので、左記に簡単に由来を示す。

——とある女性が太陽の力で妊娠し、男児が生まれた。いわば太陽の子である。この男児は生まれたときに瑞雲がたなびいたため、人々は天童法師と呼んだ。

幼い頃から聡明だった天童法師は9歳で仏門に入り、奈良の都で修行を積み神通力を得て、神託を説いたり、嵐をまとって空を飛んだりすることができるようになった。やがて対馬に帰ってきた天童法師が33歳の折、文武天皇が病に伏したと聞くやいなや、対馬から空を飛んで奈良へ赴き、17日間の祈祷のすえ天皇の病を治した。感謝した天皇は「宝野上人」という称号を与えた。対馬の人々は天童法師を讃え、死後も祀った――

これが天道信仰のあらましである。空を飛び、病を治す超人の神話とでもいえそうだ。

さらに、じつはこの神話について興味深い逸話もある。対馬の伝承によれば、太陽の力で天童を生んだ母親の女性の出自がミステリーに包まれているのだ。

高貴な身分だったとされるこの女性、なんと島南部にある豆酘《つつ》へ、出口のない卵型の鉄船――虚船《うつろぶね》で漂着したのだという。虚船とはかつて江戸時代に常陸国(現在の茨城県)の海岸に流れ着いたことでも知られる謎の乗り物だ。一説によると、宇宙人が乗ったＵＦＯだった可能性もある。この女性が超常的な力を備えた宇宙人だったからこそ、太陽の力で妊娠するという不思議な授かり方をし、かつ生まれた子どもも超人になったのではないか、という推論も成り立つ。天道信仰とはまさに宇宙人のパワーを祀るものだった可能性があるのだ。

回 入ると祟り殺される本物の禁足地

この天道信仰の聖地とされている場所が、対馬の山奥に存在する。それが島南部に位置する標高558メートルの龍良山《たてらやま》だ。天童法師が神事を行なっていたとされる地で、山全体が聖地とされている。そのため開発の手から免れ、平均樹齢200年の原始林が広がり、国の天然記念物に指定されている。

この山に入り奥深く進むと、小さなピラミッドのように小石が積まれた三角の塚にたどり着く。天童法師の墓である「表八丁郭」と、母親の墓である「表八丁郭」だ。

ここはオソロシドコロと呼ばれ、かつては人の立ち入りが許されていなかった禁足地だった。この呼び名も、禁を破ると恐ろしい祟りが起きることをそのまま指している。

当時は浜辺までしか近づくことが許されず、沖合を船で通るときすらも、船員は通り過ぎるまでうつ伏せになる必要があった。入るのはおろか、見ることすら許されない場所だったのだ。

さらにこの地のタブーはそれだけではない。オソロシドコロでは、なんと転んではいけないのだ。理由は不明だが、もし転んだ場合、祟りによって命を落とすこともあったといわれている。病を治す善良な超人の墓には似つかわしくない、名前通りなんとも恐ろしいペナルティだ。もしかしたらやはり天童法師とその母は、人ならぬ宇宙人だったのかもしれない。

もしタブーを侵してしまった場合、祟りを回避する方法も言い伝えられている。履き物を頭に乗せて「インノコ、インノコ（犬の子、犬の子＝私は犬の子という意）」と唱えながら後ずさりするとよいらしい。または、自身の身代わりとして着ている服の片袖をちぎって置いてくるという回避法もある。

現代も残る侵してはならないタブー

このオソロシドコロだが、じつは現在はタブーが解かれ、誰でも入域できるようになっている。禁足地でなくなったのは、近代に入ってからだった。

大正時代、歴史学者の平泉澄によってオソロシドコロの存在が世に知らされると、ほかの学者たちも次々に訪れるようになり、厳しい禁足の掟もなし崩し的に緩んでいった。さらに1980年代に入ってからは御嶽教という宗教の信者によって表八丁郭の入り口に鳥居と拝殿が建てられるなど、だんだんと訪れる人が増えていき、禁足地ではなくなっていったのだ。

ただし、禁足地ではなくなったいまでも、独自の掟は存在している。前述の「転んではいけない」という決まり事はいまだ生きているのだ。

さらに「参拝前には塩でお清めをしなければならない」「大声を出してはいけない」「一木一草一石に至るまで、決して物を拾って帰らない」など、さまざまなルールがある。

また、「お参りが終わったら、後ろを向かず、後ずさりをしながら帰る」という決まり事もある。墓所に背を向けることが許されないというわけだ。もしこれらをうっかり破ってしまったら……かつては祟り殺されるという言い伝えだったが、いまもその効力は健在なのだろうか。

禁足地ではなくなったオソロシドコロだが、じつは一か所だけ、いまだに侵入禁止の場所がある。それが「多久頭魂《たくずだま》神社の不入坪《いらぬつぼ》」だ。

龍良山の南西、天童法師の母が流れ着いたとされる豆酘地区にこの神社はある。原生林のなかに広大な敷地があり、観音堂や高御魂神社、神住居神社、国本神社など数々の社殿がある。そしてその一番奥に鎮座するのが、本社である多久頭魂神社だ。

この本殿からさらに奥側に、不入坪という場所がある。こちら側との境界には縄が張られており、そこを踏み越えて入ってはならない、いまも残る禁足地だ。

内部には、表八丁郭・裏八丁郭と同じような石積みの遺構が存在するが、誰も立ち入ることができず調査が進んでいないため、誰の墓なのかいまもって不明である。

ひっそりといまも残る禁足地――素性もわからぬ何某かの墓に無断で立ち入れば恐ろしい祟りが降りかかること必至だろう。

恐山 *Osore-Zan*

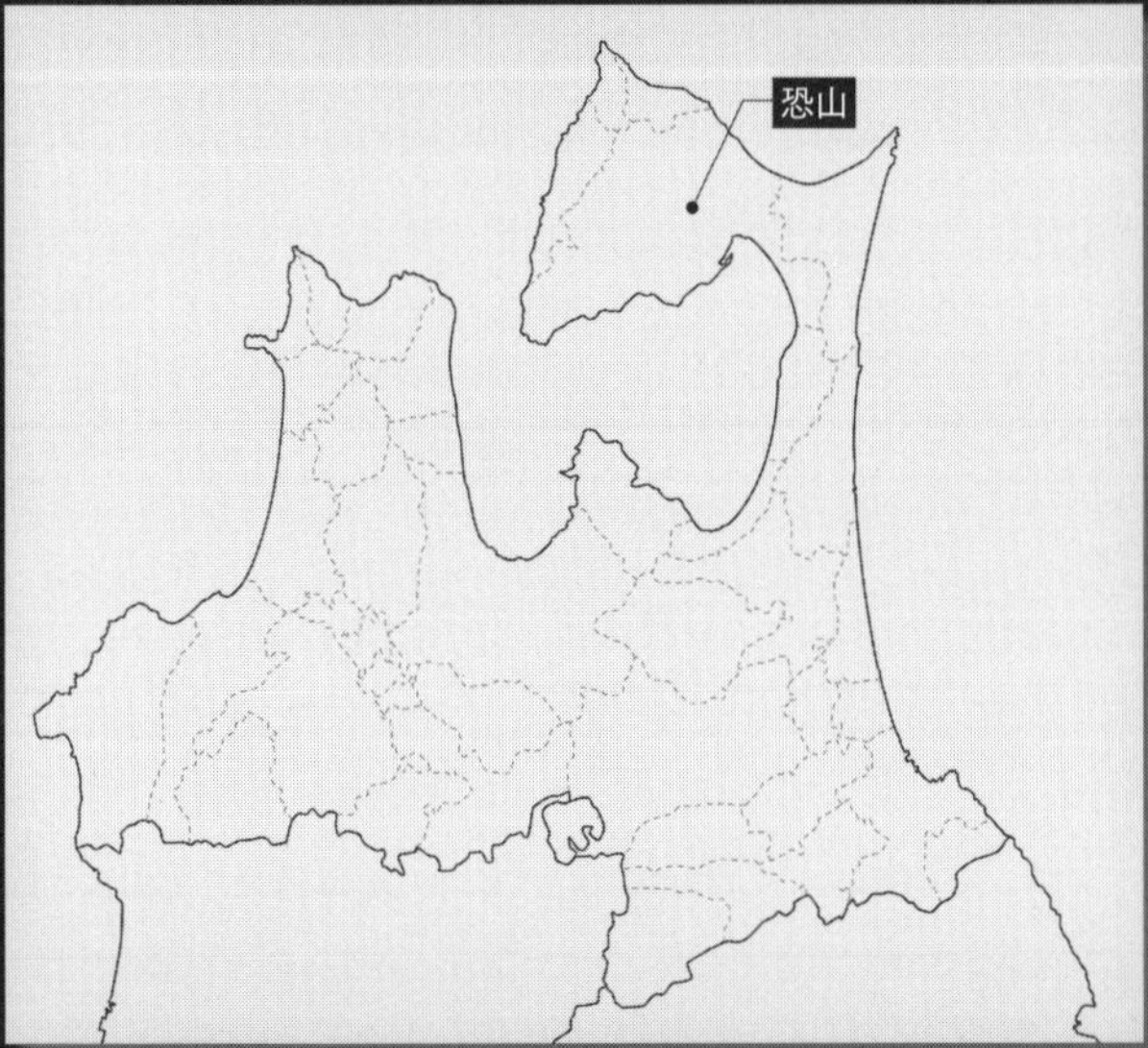

彼の世の霊魂とつながる現世の異界

青森県の下北半島にある活火山。カルデラ湖である宇曽利山湖を囲む外輪山と、円錐形の火山との総称。天台宗の慈覚大師円仁が開基した日本三大霊場のひとつ恐山菩提寺がある。恐山温泉もあり多くの観光客が訪れる。

Location

青森県
むつ市

此の世に発現した地獄の風景

平安時代はじめ頃、天台宗の高僧・慈覚《じかく》大師は、山形県の立石寺をはじめとする数々の霊場を開いたことで知られる人物である。下野国(現在の栃木県)生まれで、名を円仁《えんにん》という。その慈覚大師がまだ中国で修行中、夢に出てきた聖者のお告げで日本に帰り、下北半島の山中に、求める霊山を探しあてた。

そこは、宇曽利山の火口原湖のほとりにくすぶる硫黄が異形の風景をなす、まさに地獄と呼ぶにふさわしい恐ろしげな土地だった。

大師は「おお、これぞさがし求めた霊山なり」と喜び、一体の地蔵尊を刻んで祀った。以来、この地は「恐山霊場《おそれざんれいじょう》」と呼ばれ、地獄の相がこの世に現れた場所として、特別の信仰を得るようになった。

この下北半島にある霊場は、訪れるとまるで別世界に迷い込んだような心持ちになるだろう。JR大湊線の下北駅からバスで35分、急坂を下りきったとき、突然眼前に死霊の色を漂わせた宇曽利山湖が、無気味な湖面を光らせて姿を現した瞬間がもっとも印象的なシーンだ。三途の川と書かれた赤い小橋を渡ると、火山ガスで焼けただれた荒涼たる風景が、硫黄の異臭ともあいまって白日夢のように、訪れる者を異界へと誘い込む。

やがて行く手に、血の池地獄、釜ゆで地獄、無間地獄など、聞くも恐ろしい地獄の数々が、ゾッとする噴気孔をのぞかせて迫ってくる。その数は１０８……。

恐山霊場の入り口にあたる三途の川を渡る太鼓橋。帰りは橋の上で決して振り返ってはいけないといわれている。

荒涼とした異形の景色が広がる恐山。
この景観が慈覚大師を惹きつけた。

慈覚大師がここに地蔵尊を祀ったのも、それら地獄に苦しむ亡者を救おうとしたからだ。

回 彼の世との交信を果たすイタコ

恐山の名物となっているイタコの「口寄せ」は、こうした風景を舞台に行なわれる、死者の霊を呼び降ろす巫術《ふじゅつ》で、とくに7月20〜25日、9月1〜4日の大祭のとき、地蔵堂の周りで開かれる語らいが有名だ。

周知のとおり、イタコとは、原則として生まれながら、あるいは幼少時の病気などによって失明した女子が行なう神仏・死霊・生き霊など、超自然的存在の神意を伝達する巫女のことである。イタコになるための修業は、神仏を拝む作法にはじまり、経典類を論じ、「ユルシ」の儀式を経て独立する。独立後は、祈祷ト占などのほか、依頼に応じて神霊や死者を「身につけ」、その言葉を語り伝える仕事をする。これが「口寄せ」である。「口寄せ」は「ホトケオロシ」とも呼ばれ、イタコの重要な職分とされている。

恐山信仰の原点は、大祭のとき、もともとは「人が死ぬと、魂はその国の最果てにある異形の山に昇る」という古代の素朴な民俗信仰に発したもの。

ここに登って死者と語らう、という風習自体は、慈覚大師が訪れる以前にさかのぼり、相当古くからあったのではないだろうか。

滝不動 *Taki-Fudō*

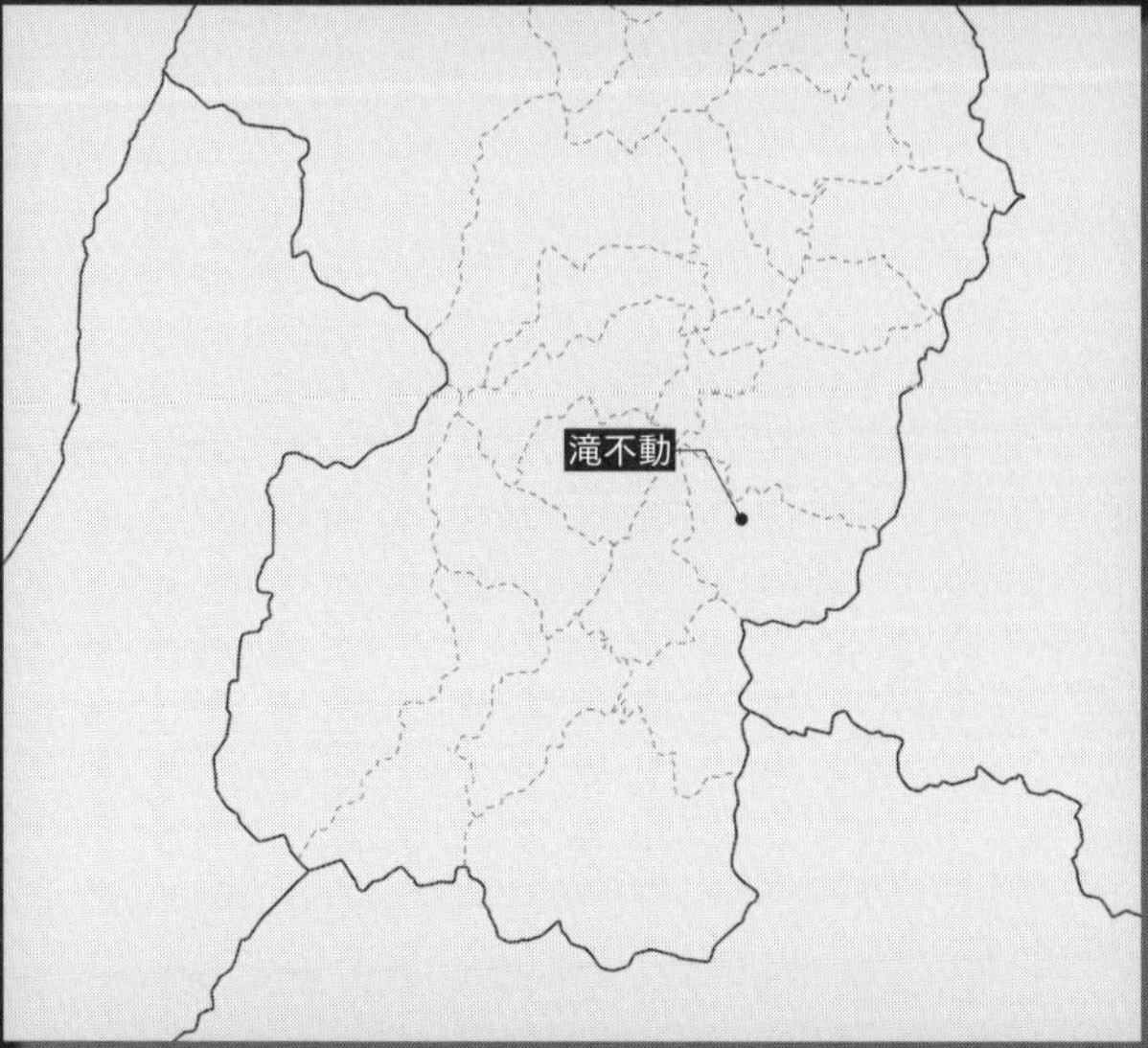

Location
山形県
上山市

怪奇現象が頻発する
山形最恐の行場

県道104号沿い荒町川沿いの滝。かつてはお堂や不動明王を祀る祠があったが、2021(令和3)年の大雨で流されて以来、滝には何も建てられておらず、現在も安全面を考慮して立ち入り禁止。

怪奇な伝承が語り継がれる滝

山形新幹線「かみのやま温泉駅」から車で北へ15分ほど入った太平山登山道入り口の先に、神聖なる異界・滝不動がある。

滝のなかに不動明王が祀ってあり、正式名称は「滝不動明王」。かつては修験道の行者が滝行をしていたといわれる滝だ。

十数年ほど前から、ここが怪奇スポットとして知られるようになってきた。というのも、このあたり一帯で、車やバイクのブレーキが突然効かなくなる、鈴の音が追いかけてくるなどといった怪現象や、果ては滝の上に幽霊が出没するという事件が多発しているからである。

当時25歳だったIさんは、深夜に友人とバイクに乗って滝不動に肝試しにでかけた。

滝では何事もなく終わったものの、帰り道に突然、闇のなかから鈴の音が聞こえてきた。幻聴かと思ったが、鈴の音はかなりのスピードで走っている彼らにまとわりつくように、断続的に聞こえてきた。

奇怪なことに、鈴の音が聞こえているあいだはブレーキの効きが悪く、カーブの手前で電柱に激突しそうになったりしたが、しばらくして鈴の音が消えると、ブレーキが回復したという。

奇怪な実例はまだある。それは、滝壺に置いてある宝剣を持って帰ると、必ず高熱に見舞われるという事実だ。宝剣をもとに戻せば熱はピタリと治まるが、返さずに放置しておくと、そのうち精神に異常をきたしてしまうという事件が現実に起こっているという。

◎カップルの幽霊目撃談

それればかりか、実際に幽霊を目撃したという人物もいる。

当時30歳のCさんは、夏に友人5人と車で滝不動にやってきた。午前3時頃、彼らは2本の懐中電灯を頼りに、滝をめざして進んでいくと、滝の上に若いカップルの姿があるのに気づいた。

「あっ、あんな高いところに人がいるぞ」

ライトを照らそうとしたが、野暮なことはやめようと思いとどまり、全員で引き返した。

しかし――

「おい、ちょっと待てよ！　あんな高い場所には人が行けないよな。たしか俺たち以外の車もなかったし。こんな夜中に歩いてくるアベックなんているはずがない！」

「まさか、幽霊だったんじゃないのか……」

誰が言うとなく、そんな言葉が口をついて出た。

その途端、全員の身体に戦慄が走った。急いで滝まで戻り、カップルがいたあたりをライトで照らしてみたが、すでに姿はない。一気に恐怖心が込みあげてきたCさんたちは、一目散に石段を駆け上がり、車に乗り込んだ。

数々の怪奇を生みだす恐るべき滝不動――かつては、修験道の行を修める神聖な霊場であったこの場所も、いつしか霊気が凝り固まって邪悪なエネルギーを放ち、近づく人間に怪異をもたらす魔の滝と化してしまったのだろうか。

ちなみに、かつて滝の周辺にはお堂や祠などがあったものの、現在はなくなっている。なんでも、2021(令和3)年に降った大雨によってそれらが流れてしまったからだそうだ。いまは道路から滝へ至る入り口に「国有林につき立入禁止」と書かれた看板が掲げられ、また足元にはロープも張られており、立ち入れないようになっている。

人里離れた異界にあり、かつては清らかな行場であった過去を持っていた滝不動。いつしか心霊スポットとして肝試しの若者が多数訪れていたこの場所は、いまや何人たりとも踏み入れられない、名実ともに〝禁足地〟となったのである。

熊野古道 *Kumano-Kodo*

人ならぬ存在が跋扈する古代よりの聖地

熊野三山（熊野本宮大社、熊野速玉大社、熊野那智大社）へと通じる参詣道の総称。和歌山県全域にルートが広がっている。世界文化遺産「紀伊山地の霊場と参詣道」に登録され、道としては日本初、世界2番目の登録となった。

Location
和歌山県
田辺市

死者と出遭う山道

紀伊半島にある熊野古道は、2004(平成16)年7月に「紀伊山地の霊場と参詣道」として世界遺産に登録されている世界的な観光地だ。さらにフランスのミシュラングリーンガイドにおいて三つ星という最高評価を獲得し、国内外から多くの観光客が訪れている地である。

一口に熊野古道と言っても、大阪方面~紀伊田辺間の紀伊路、紀伊田辺から熊野速玉大社のある新宮へ至る大辺路《おおへち》、新宮~伊勢方面の伊勢路という海沿いのルートから、紀伊田辺から熊野本宮大社を経由して新宮へ至る中辺路《なかへち》、高野山~熊野本宮大社の小辺路《こへち》、そして奈良県の吉野から熊野本宮大社へ至る大峯奥駆道《おおみねおくがけみち》と、さまざまな道がある。

なお、大峯奥駆道のルート上にある山上ヶ岳には、修験道の根本道場である大峯山寺山上蔵王堂がある。そのため、山全体が聖域となっており、いまでも女人禁制が維持されている聖なる異界だ。

熊野古道では、不思議な体験をした、ミステリー現象を目撃した、という話がときおり山里の話題になる。昔から熊野は、死者の住む黄泉の国と伝えられている。

なかでも今回、とくに取り上げるのは、熊野本宮大社の西側、中辺路のルート沿いでの体験談だ。ここで明境を異にするような現象に遭遇したのは、大阪市内に住む会社員のOさんである。

その日、Oさんは、雨のそぼ降る古道を、本宮町から逆コースで中辺路ルート近くの旅館に向かって、ひとりで歩いていた。猪鼻王子と湯川王子間の前を通るとき、ひとりの老婆から「どうぞ休んでいってください」と勧められ、腰を下ろしたところ、しぶ茶をだしてくれた。茶を飲んでいると、後ろのほうから女性の泣き声がした。気味悪く思っていると、老婆が三つ指をついて「どうか、奥にいます娘にお授けをください」と言ったので、びっくり仰天！

Oさんは思わず立ち上がった。すると、今度はさっきまでいた老婆の姿が消えたのだった。Oさんは二度びっくりして、必死で10キロメートル離れた小広峠《こびろ》(国道311号)まで逃げたという。Oさんを迎えた旅館の主人は、

「到着したときは顔面そう白で、非常におびえたようすでした。昔の人々があえぎながら訪れた古道では、多くの人が死んでいます。ときとして、霊となって人前に現れるのではないでしょうか」と話した。

◎いにしえの子どもやヒトダマも

一方、兵庫県から28人のパーティーで訪れたうちのひとりの男性も不思議な体験をして

いる。一行から遅れたその男性が、後方から「オーイ、オーイ」と呼ぶ声に振り返ると、かすりの着物を着た子どもが無言で手招きをしていた。まるでタイムスリップしたような光景にぞっとして、男性は一行のあとを追ったという。

また、地元の人も奇妙な現象を目撃している。

秋口、地元のAさんが、町道湯川へ午前4時頃にマツタケを探しに行く途中、約40メートル前方で直径30センチぐらいの黄色い火の玉が飛んだのを見た。火の玉は4、5メートル上下しながら飛んでおり、Aさんは持っていた懐中電灯を消して、愛犬と5、6分間もその光景を見ていた。火の玉が消えてから発光場所に行くと何もなく、夜が明けてからもう一度その場所を見たが、変わったところはなかったという。

この3件のミステリー現象のあった小広峠〜岩神峠〜三越《みこし》峠〜猪鼻王子付近までの11キロメートルは、民家がないうえに山坂が急峻で、古道のなかでも那智山裏の大雲取・小雲取と並んで一番疲労が大きい区間として知られている。

したがって、県外から訪れた人たちは、ストレス社会から解放されたうえ、極端に疲労すると、寂しい場所なだけに、日頃のストレスと山歩きの肉体的疲労からの逃避現象で、非日常的な幻覚にとらわれるのではないか、という意見もある。

羽田の大鳥居 *Haneda-no-Ōtorii*

大規模な祟りをもたらした現代の怪鳥居

羽田空港敷地の南西部、京急の天空橋駅付近に建つ穴守稲荷神社の大鳥居。1929（昭和4）年に京浜電鉄（現・京急）から奉納され、かつては同神社とともに空港敷地内にあったものの、現在地へ移された。

Location

東京都
大田区

首都東京の空の玄関口として日々多くの人々を迎えている羽田空港だが、じつはその陰に「大鳥居の祟り伝説」と呼ばれる伝承があるのをご存じだろうか。

日本の祟りに屈したアメリカ軍

そもそも羽田空港の敷地には、かつて穴守稲荷《あなもりいなり》神社(現在は別の場所に移転)があったのだが、その敷地の一部を1931(昭和6)年に国が買収して飛行場として転用していた。そして1945(昭和20)年の太平洋戦争終結後、飛行場は国際空港にするためにアメリカ軍に接収され、神社は取り壊されることになった。

すると、たちどころに滑走路で異変が起きた。アメリカ軍機が着陸しようとすると、キツネのような動物が鳥居の周囲からわらわらと這いだしてきて、滑走路から上空を見あげているというのだ。そのせいで着陸できない、というケースが多々あったというのである。このときになって初めて、アメリカ軍は日本の呪術性を真に脅威したという。

それでも、アメリカ軍は参道に列をなしていた鳥居を、ブルドーザーで次々に破壊していった。最後に残ったのは、問題の大鳥居だった。その由来をたどれば、これは1926(昭和元)年に、京浜急行の重役が同神社に寄贈したものであった。建てられていた場所は、現在は滑走路になっている旧ターミナルビルの駐車場である。

アメリカ軍は撤去を敢行した。まずは赤く塗られたこの大鳥居にロープをかけて、いざ倒そうとしたそのときだった。ロープが切れる事故が起き、アメリカ工兵隊の作業員たちに死傷者が出たのが〝祟り〟の発端だ。

その後も、大鳥居に手をかけた日に限って、飛行機の機器に不良が発生するなど異常事態が相次いだ。さすがに恐れをなしたアメリカ軍は日本の解体業者に鳥居の撤去を委託し、自らは手を引いてしまった。

だが、その業者が間もなく倒産したため、結果として大鳥居はそのまま残ってしまったのである。そして、工事の際に立ち退きを強制された地元住民の間では、アメリカ軍に恨みを持つ者が少なくなかったため、「神社を壊したアメリカ軍におキツネ様が祟った」という〝噂〟が広まったのだ。

ちなみに、この終戦直後の強制立ち退きは、約3000人の住民たちに対して、わずか48時間以内に住みなれた家を離れるようにとの命令がくだされるという、苛酷なものだったと伝わる。

とはいえ、ひとつだけぽつんと残ったこの大鳥居を、いつまでもこの状態で残しておくわけにもいかない。旧穴守稲荷神社の敷地にターミナルビルを建設する際には、どうしても撤去する必要があった。最終的には1999(平成11)年に別の場所に移転されたのだが、それまでの紆余曲折が半端ではなかった。とにかく事故が相次いだのである。

回 次々と航空機を襲い人命を奪う祟り

まずは、サンフランシスコ条約締結の翌年、同空港の大半の施設がアメリカ軍から日本に返還された1952(昭和27)年4月9日に、羽田発福岡行きの日航機「もく星号」が、伊豆大島の三原山《みはらやま》山腹に墜落した。乗客乗員37名全員死亡という惨事となった同事故の縁起を担いで、大鳥居はこのときは駐車場に残されることになった。

その後、1962(昭和37)年にターミナルビルの拡張工事にともなって、大鳥居の撤去計画が再浮上したが、計画実施前の1966(昭和41)年に立て続けに惨事が起きた。まず2月4日に北海道千歳発羽田行きの全日空機が滑走路への進入中に東京湾に墜落し、乗客乗員133人の全員が死亡、または行方不明となった。

続く3月4日、香港発東京経由バンクーバー行きのカナダ太平洋航空(現エア・カナダ)機が、羽田空港に着陸直前に墜落し、乗客乗員7名のうち4名が死亡。さらにその翌日、羽田を発って香港に向かうBAOC(英国海外航空機)が、富士山付近で乱気流に巻きこまれて空中分解、乗客乗員124名全員が犠牲となった。

崇りは、これだけではない。

8月25日には訓練飛行中の日航機が羽田空港を離陸直後に墜落・炎上し、乗員5名が死亡したのだ。ここまでくれば、確かに「大鳥居の崇り伝説」なるものが、人の口の端にのぼるのも当然だろう。撤去は結局、中止となった。

80年代の開発計画

次に撤去計画が本格化したのは1981(昭和56)年である。この年の暮れ、「第4次空港整備5か年計画」が閣議決定されたのだが、それをあざ笑うかのように起こったのが、翌年2月9日の日航機羽田沖墜落事故である。この事故のことはいわゆる「日航逆噴射事故」として、年配の方の記憶には鮮明に残っていると思われる。機長の操縦ミスで生じた同事故で、乗客24名の命が失われた。

3年後の1984(昭和59)年以降、この空港整備計画は本格化することになるのだが、翌年の8月12日に起きた航空機事故については、まだ記憶している方も多いことだろう。羽田発大阪伊丹《いたみ》行きの日航機が群馬県の御巣鷹山《おすたかやま》の尾根に墜落。乗客乗員524名中

520人の命が失われた、あの「日航ジャンボ機墜落事故」が起きたのだ。

さらに1993(平成5)年に旧ターミナルビルの取り壊しが決まったあと、これも羽田空港とは直接関わりがないにせよ、翌年の4月26日、台北発名古屋行きの中華航空機が、名古屋空港で爆発炎上し、乗客乗員271名のうち、264名が犠牲となった。

余談だが、東亜国内航空(日本エアシステム→現日本航空)は1971年7月3日、社の保有機が北海道・函館山で墜落し、乗客乗員60名の全員が死亡する事故を起こした。毎月3日には会社幹部が穴守稲荷神社に参拝するようになり、本社内はむろん、整備場や保有機のすべてに同神社のお札を貼るようになったという。

計画が持ちあがるたびに何かが起こる……。

惨事が続き、祟り伝説はひとり歩きしたのだが、本格的に移転がなされた1999年2月には、さしたる事故も起こらなかったようだ。

現在、大鳥居の立つ場所は、空港から約800メートル離れた弁天橋付近。塗り直された鳥居は、朱色も鮮やかに天高くそびえている。だが、穴守稲荷神社本体とは離れたままにそびえるこの鳥居の〝祟り〟は、本当に終結したのだろうか？

昨今、マスコミを賑わした日航の経営破綻などを見るにつけ、密やかにおキツネ様の怒りが続いていると見るのは、考えすぎだろうか。

平将門の首塚

Taira-Masakado-no-Kubizuka

事故を多発させる平安武士の怨念

東京・大手町にある中世の武将・平将門の首塚。きれいに管理されており誰でも入って参拝することはできるが、敷地内への供物、物品の寄進、お線香台の利用は禁止されている。賽銭のみ、敷地内の賽銭箱で受け付けている。

Location

東京都
千代田区

回 大都会の中心にある日本最凶の禁所

東京・大手町——メガバンクや総合商社、全国紙などといった大企業の本社が集積する日本最大のビジネス街であるこの地に、何人たりとも侵すことの許されない日本最凶の禁足地が存在する。

それが、平将門の首塚だ。

平将門は、桓武《かんむ》天皇の孫の子・高望王《たかもちおう》の孫で、平安時代初期を代表する武将である。関東で反乱を起こし東国の独立を図って旋風を巻き起こしたものの、939(天慶2)年、常陸国の国府を襲撃した際、藤原秀郷《ふじわらのひでさと》が射った矢をこめかみに受けて落馬し、無念にも討ち取られた。

将門の首は胴体から切り離され、すぐさま京の都に送られ、五条河原に晒された。

しかし、その首は3か月経っても目を閉じず、歯を剥き出し、「五体はどこにある。つないでいま一度戦おう。来たれ、来たれ」と、無念の形相すさまじく、夜な夜な叫びつづけた。ついには、唸《うな》り声を発して宙に舞いあがり、発光しながら骸《むくろ》のある東国に向かって飛び去った。そして、武蔵国豊島郡芝崎村の神田一の宮に落下した。その地こそが、首塚のある現在の東京都千代田区大手町である。

首は力尽きたわけではない、落下後も目を爛々と光らせ、怨念の炎を燃やしつづけた。だが、１３０９（延慶２）年に将門が神田明神に祀られてからは、弓矢の守護神に変わったという。そして江戸時代に入り、将門の霊を弔うべく首塚が建立され、将門の怨念も収まったかに見えた。

しかし、これだけでは将門の怨念を鎮めることはできなかったのである。

関東大震災が起きたあと、首塚の上に大蔵省の仮庁舎が建てられた。すると、工事に携わった人や大蔵省役人14人が次々と怪死。「将門の祟りではないか」という噂がまことしやかに囁かれ、大規模な将門鎮魂祭を行なう事態に陥った。

第二次世界大戦後、今度はＧＨＱが区画整理のためブルドーザーを用いて首塚を撤去しようとした。しかし、重機が転覆するなどまたしても不可解な事故が頻発し、多数の負傷者を出したため、ついにこの地の整理を諦めた。

それ以来、首塚はずっと残されたままで、当然、首塚の祟りがなくなったわけではない。たとえば、いまもなお、首塚近くのオフィスビルでは、デスクの配置を工夫している。社員が首塚に背を向けて座らないようにしているのだ。また、首塚を見下ろすような窓を設けなかったり、窓があったとしても塞いだりしている。

映画撮影時にも祟りをもたらす

平将門の怨霊を呼び覚まし、帝都東京の壊滅を謀る。映画「帝都物語」(1988年公開。原作・荒俣宏)の撮影現場で不幸な事故が続発しはじめたのは、将門の首塚の前での降霊術のシーンの撮影のときからである。

クレーンに乗って将門の首塚のセットに照明を当てていたスタッフが足を滑らせて落下、3か月の重傷を負った。照明の熱でスタジオの排気ダクトが炎上するボヤ騒ぎが起きた。巨岩を落下させるシーンでは、吊っていたワイヤーが切れて轟音とともに崩れ落ち、誰も怪我はしなかったが、現場のスタッフ一同、顔面蒼白となった。さらに、主演の嶋田久作が炎に接近するシーンでは、炎が予想をはるかに超えて2メートルも吹き上がり、火傷を負った。

事故は、不注意、偶然、スタッフの手違い、演出者と演者との呼吸が合わなかっただけのこととして片づけようと思えば、できるかもしれない。

悪霊や霊を扱う場合には、怪奇現象勃発防止のためにお祓いをするのが、日本映画界での当たり前の手続きである。このときも企画時や撮影開始時に当然、お祓いを受けていたのだ。

それでも不自然なまでに事故が多発したのである。朝敵と断じられた武士の怨念は、1000年を経た現代でもまったく鎮まっていないようだ。

三輪山 *Miwa-Yama*

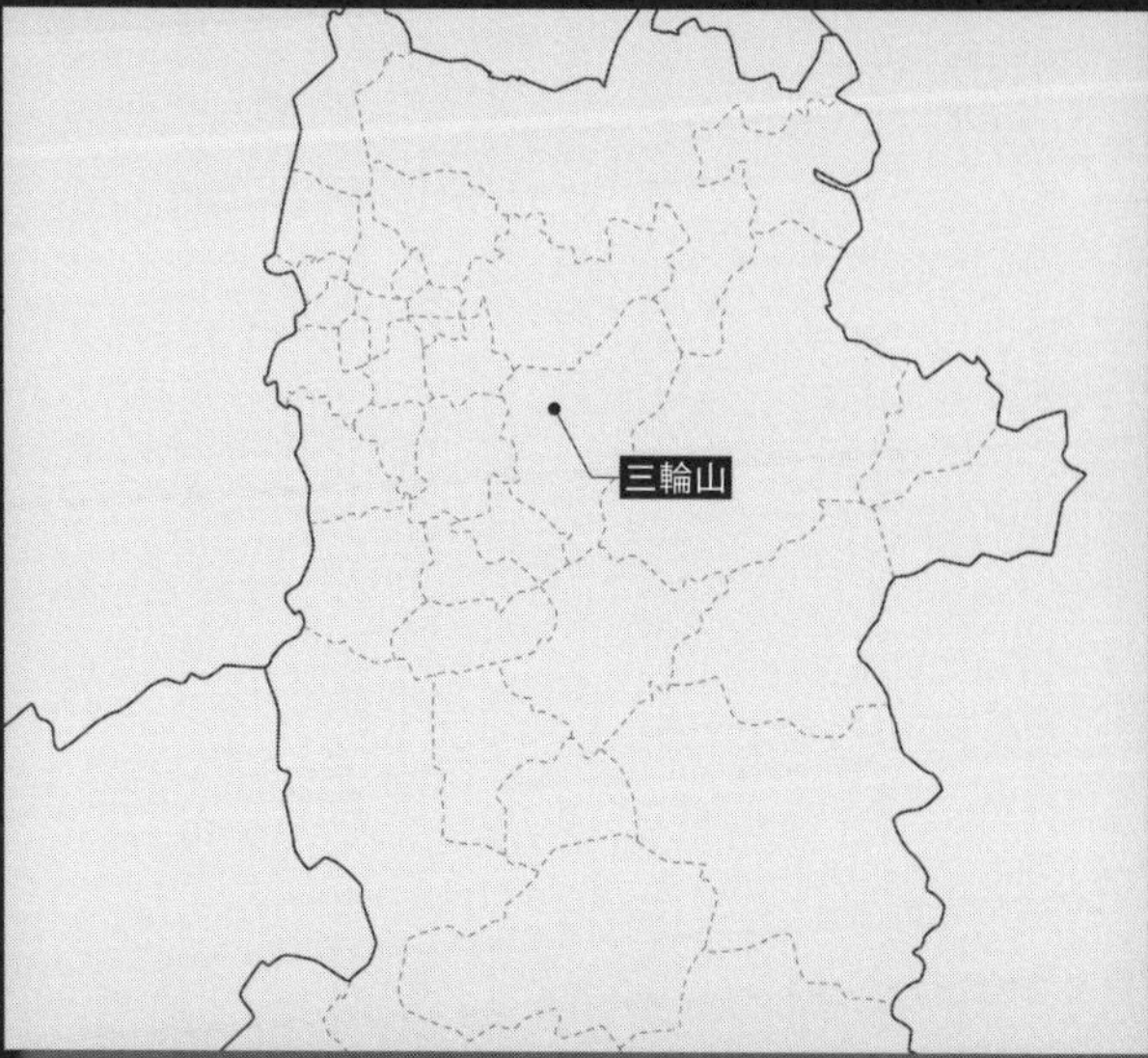

Location
奈良県
桜井市

不届者の気を狂わす恐ろしい神の座

奈良盆地南西部にある標高467メートルの円錐形の山。古来、原初的な自然物崇拝の対象であり、山麓には巨大古墳が次々と築造された。いまも大神神社のご神体として神聖視されている。

回 入山に厳しい掟が課されるかつての禁足地

奈良盆地の南西部、JR桜井線（万葉まほろば線）の三輪駅から徒歩10分ほどのところに、大神《おおみわ》神社がある。

この神社が一風変わっているのが、本殿を持たない点だ。神社といえば普通、参拝客がお賽銭を投げ込んで手を合わせる拝殿と、その後ろにご神体を祀る本殿があるのが一般的だろう。しかし、ここには拝殿はあれど、その奥のほうには三ツ鳥居という重厚なつくりの鳥居があるだけで、何もないのだ。

ご神体が鎮座する本殿がないのであれば、この大神神社のご神体はいったいどこにあるのだろうか。

それが、拝殿の向こう側に見える三輪山である。祭神である大物主大神《おおものぬしのおおかみ》がこの山に宿っているとされているため、山自体がご神体になっているのだ。

この標高467メートルの三輪山は、ピラミッドのようなきれいな円錐形をしている。神々が鎮座する「神奈備山《かんなびやま》」として大和朝廷も特別視していた神聖なる山だ。一木一草一石に至るまで、この山のすべてが神宿るものとして尊ばれている。

そのため、かつては一般民衆が立ち入ってはならない場所として入山が厳しく制限されてきた。山中には3か所の磐座《いわくら》があり、そのなかの中心的な辺津磐座から三ツ鳥居までの範囲は、三輪山祭祀の中心的な場所として禁足地とされていたのである。この範囲からは発掘調査において、須恵器や子持勾玉のほか、大量の臼玉が出土していることも、ここが祭祀の中心地だったことを示している。

ただ、時代が明治に入ると禁足が解かれ、一般人でも入山できるようになった。摂社である狭井《さい》神社において午前9時から12時までの間に受付を済ませ、代表者の住所・連絡先などの記入や登拝料300円の支払いを行なえば、誰でも登ることができる。この受付ののち、白いたすきを受け取ってお祓いが施される。

ただし、神聖な山に登るにあたって必要な決まり事として、山中でのカメラ等を用いた撮影の禁止、水分補給以外の飲食の禁止、火気の使用（つまり喫煙）禁止、草木や石の持ち出し禁止、白たすきを外すことの禁止などを守らなければならない。そして午後4時を過ぎて山中に留まっていることも許されず、かつ山中での出来事は他言無用という厳しい制約が課せられている。

回 禁を破った者に降りかかる恐ろしい祟り

これほどまでに厳しい掟が存在するほど神聖な三輪山だが、同時に恐ろしい場所でもあるらしい。掟を破った者には容赦なく祟りが降りかかるといわれているのだ。

たとえば、正しい手順を経ずにそのまま三輪山を登ったり、山中の草木や石を持ち帰ったり、はたまた夜中に忍びこんでみたりしたときには、神の祟りによって気が狂うといわれている。ほかにも、詳細は不明だが、火のついた煙草をポイ捨てした大学生が酷い祟りに遭ったという話もある。山中でも超常現象が起きるそうだが、山中での出来事は他言無用の掟があるため、詳細は伝わっていない。

それもそのはず、この山に鎮まる大物主大神は、神話において国づくりに貢献した一方、かつて国ひとつを滅ぼさんとした恐ろしい祟り神でもあるのだ。

——崇神天皇の治世、国中がまるで国が滅ぶほどの勢いで疫病に襲われていた。困り果てた天皇の夢に大物主大神が現れ、「これは私の仕業(心)だ。子孫の意富多多泥子《おおたたねこ》に自分を祀らせれば疫病は終息する」と言った。天皇がこれに従いその人物を三輪山の神主にすると本当に疫病が収まった。

つまり、大物主大神は子孫に自分を祀らせたいがために民の命をも犠牲にする恐ろしい神だということだ。これほど強い祟りの力を持っているのならば、その神が鎮まる山の掟を破った者がどんな目に遭うか、想像できるだろう。この三輪山は、かつての禁足地だったが、いまも厳しい掟に守られた〝異界〟であることには変わりないのだ。

首塚大明神 *Kubizuka-Daimyōjin*

Location
京都府
京都市

京都を襲った大鬼の首が埋まる神社

京都の西側、老ノ坂峠にある神社。境内には2つの鳥居のほか、お社と、その裏に京都を荒らしていた大鬼・酒呑童子の首塚がある。お社には、酒呑童子の名の通りたまに酒が供えられている。

回 源氏に討伐された鬼の頭領

京都市街地の西側、京都縦貫自動車道の新老ノ坂《おいのさか》トンネルの真横、木々が茂る小高い丘の上に、首塚大明神という神社がある。

ここは神が座す神社でありながら、訪れる者に恐怖をもたらす心霊スポットとしても知られている。「面白半分で行くと痛い目に遭う」「神社の周囲で呪いにかかる」「鳥居をくぐると祟りが起こる」などという噂が囁かれている。また、神社の周囲は心霊写真が撮れる場所としても有名で、オーブや光る物体などが写ることが多いそうだ。

それもそのはず、この地はかつて京の都を恐怖のどん底に陥れた、日本三大妖怪にも数えられる大鬼・酒呑童子《しゅてんどうじ》の首が埋められている場所だからである。

――平安時代初期、丹波国の大江山に酒呑童子という鬼が住んでいた。途轍もない怪力で、常に酒を好んでいたという。酒呑童子は、大勢の手下を引き連れてときどき都へ出ては盗みを働いたり、その力で金品を奪ったり、女子どもを攫《さら》ったりと悪逆の限りを尽くし、人々を恐怖させていた。そこで朝廷は、源頼光《よりみつ》という当代随一の武者に、酒呑童子征伐を命じた。頼光は金太郎のモデルにもなった力持ちの坂田金時《さかたのきんとき》をはじめ、渡辺綱《わたなべのつな》、卜部季武《うらべのすえたけ》、碓井貞光らを引き連れ、大江山の千丈ヶ嶽に分け入った。

頼光一行は山伏の姿に変装して酒呑童子の山城を訪ね、道に迷ったので泊めてほしいと頼み、城へ潜入することに成功。酒宴にも招待された。そして酒宴にて酔いつぶれた酒呑童子を騙し討ちしようと4人でいっせいに襲いかかった。

5本角の鬼の姿で抵抗する酒呑童子に彼らは苦戦するも、とうとう酒呑童子の首を撥《は》ね、征伐することができた。

一行がその首を持って、京の都へ帰っているとき。途中の老ノ坂で休憩していると、道端の地蔵尊に「鬼の首のように不浄なものは、天皇がいる都へ持ち帰ってはならない」と諫められてしまう。その直後、急に酒呑童子の首が重くなり、坂田金時の怪力をもってしても持ち上げることはできないほどになった。一行は首を持ち帰ることを断念し、その場に埋めて首塚を築い

鬱蒼とした茂みのなかにある
首塚大明神の鳥居。

た――

この首塚が、現在の首塚大明神である。丘の上にある拝殿の真裏に、3メートル四方ほどの柵で囲われた一角がある。囲いのなかを覗くと、小石が積まれた小山が見えるだろう。これが酒呑童子の首が埋まっている場所だ。囲いのなかは当然、決して踏み入ってはならない禁足地。禁を破って侵せば、恐ろしい祟りがあるという。

回 鬼の祟りであわや生命の危機

呪いにかかる、などというのはただの噂であろうが、実際にこの場所で怪奇現象に見舞われたという体験談もある。

京都市に住んでいたとある若者Aさんは、深夜にバイクで山中を走るのが好きだった。ある晩、仲間とともに肝試しをしようという話になり、首塚大明神へ訪れた。深夜に訪れてひと通り回り終えると、Aさんは本殿裏の囲いに侵入し、首塚に足を乗せるなど不敬を働いた。その場では何も起きなかったが、帰り道に見通しのよい一本道で急にバイクが横に吹き飛ばされるという大事故に見舞われた。幸い命は助かったものの、首塚大明神との関連を意識せざるを得ず、後日謝罪に訪れたそうだ。

京都中を恐怖に陥れた恐ろしい鬼が眠る地は、紛れもなく危険な禁足地である。

八雲山 *Yakumo-Yama*

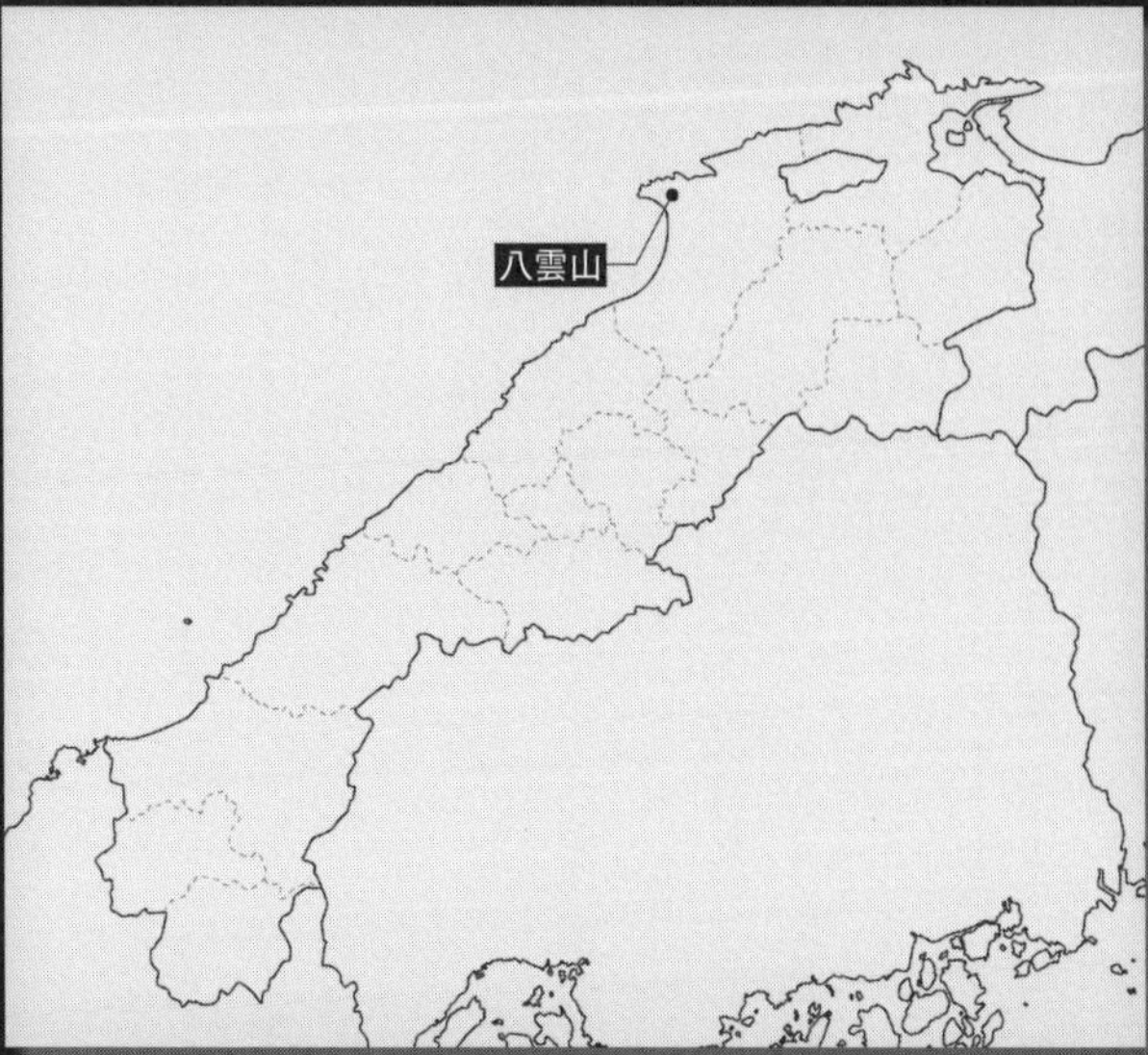

Location

島根県
出雲市

出雲大社の背後にそびえる神職さえも禁足の山

出雲大社の本殿のさらに奥にそびえる山。素盞嗚尊がヤマタノオロチを退治した後、稲田姫とこの地に宮造りされた伝説が残る。神職さえも立ち入り禁止なため山中の一切は不明。

回 出雲大社の奥に鎮座する完全禁足地

出雲大社——島根県出雲市にある由緒正しい神社である。縁結びにご利益があるとして、全国から良縁を願う多くの参拝客が訪れている。縁結びのご利益は、日本中にいる八百万の神々が毎年10月になるとここ出雲に集い人々の縁を話し合う、という言い伝えによる。

祭神の大国主神《おおくにぬしのみこと》が国をつくったあと、現世を皇孫に譲り（国譲り神話）、神々や霊魂が住む、いわゆる彼の世を支配するようになったことが影響している。そこから日本中の神々が集まるという逸話が生まれ、縁結びなど人智の及ばない物事をこの地に集まった神々が話し合って決めている、という言い伝えに発展していったらしい。

縁結びがもっとも有名な出雲大社だが、もともとは人智の及ばない、目に見えない神々の世界にもっとも近い、現世の〝異界〟ともいえるだろう。

この出雲大社を訪れると広大な境内に驚くだろう。参拝客が訪れる拝殿やご神体が鎮座する本殿のほか、境内には多数の摂社や末社があり、すべて回るのは大変だ。

この摂社のうち、本殿の真裏に八岐《やまた》の大蛇《おろち》退治の物語で有名な素盞嗚尊《すさのおのみこと》を祀った素鵞《そが》社《やしろ》がある。天照大神《あまてらすおおみかみ》の弟神であり、かつ主祭神の大国主神の親神であるためか、本殿よりも一段高い場所に社がある。

そのさらに後方に、きれいな円錐形をした山が見える。参道―拝殿―本殿の真正面に位置するこの八雲山は、どうにも特別な存在に見える。

それもそのはず、じつはこの八雲山、立入禁止の山なのだ。

しかも、よくある神職なら入ることができる、というわけではない。ここは神職であっても容易には立ち入れない本物の禁足地なのである。いわば完全禁足地だ。そのため、どのような場所なのか、山中に何があるのか、写真はおろか一切の情報がない。

神職でさえ入れないとなると、ほかの禁足地とは比べものにならないほど神聖な場所なのだろうと推測できるが、じつは参拝客がこの八雲山のパワーを持ち帰ることができる裏ワザが存在する。

手前にある素鵞社のすぐ裏、八雲山がせり出した山裾にあたる部分に磐座がある。ここだけが唯一、一般人が八雲山に触れることのできる場所だ。この磐座の前に奉納された「お砂」にはお清めやご加護の力が宿るといわれており、自分で奉納した砂を持ち帰れるのだ。

そのためには出雲大社の西にある稲佐の浜の砂を持ってきてから出雲大社を正式な作法で参拝し、素鵞社の木箱に入れる必要がある。ただそれだけで禁足地・八雲山のパワーを持ち帰ることができるのだから、やってみる価値はあるだろう。

参考文献

◎書籍・パンフレット

『日本の怪奇100』並木伸一郎（マガジンランド）
『最新版 日本で発生している驚愕の怪事件』並木伸一郎（竹書房）
『史上最強の都市伝説 訝』並木伸一郎（竹書房）
『史上最強の都市伝説 弩』並木伸一郎（竹書房）
『日本霊界地図 呪われた恐怖のタブー地帯』並木伸一郎／監修（竹書房）
『だれも沖縄を知らない 27の島の物語』森口豁（筑摩書房）
『原色ニッポン〈南の島〉大図鑑』加藤康二（阪急コミュニケーション）
『東京の港と海の公園』樋渡達也（郷学舎）
『伝説と怪談 シリーズ第1集』泉昌彦（柳正堂書店）
『日本の伝説10 甲州の伝説』土橋里木（角川書店）
『民衆の伝説 おいらん淵』比留間とくえ（新信州社）
『青森県の怪談』北彰介編（津軽書房）
『八甲田山 死の彷徨』新田次郎（新潮社）
『山の軍曹 カールを駆ける 中央アルプス遭難救助の五十年』木下寿男（山と渓谷社）
『封印された日本の離島』歴史ミステリー研究会編（彩図社）
『一般人は入れない立入禁止地帯』歴史ミステリー研究会編（彩図社）

「神宿る島　宗像・沖ノ島と関連遺産群」（「宗像・沖ノ島と関連遺産群」世界遺産推進会議）
「観光要覧」（宮崎市）

●新聞社・メディア

共同通信／朝日新聞／読売新聞／産経新聞／Huffington Post／J-cast ニュース／京都新聞／琉球新報／福井新聞／山形新聞／下野新聞／徳島新聞

●ホームページ

福岡県／和歌山県／京都府／坂井市／下関市／葛飾区／那須町／桜井市／富士宮市／沖縄info／淡路島観光ガイド／海上公園なび／飛島観光協議会／一般社団法人　酒田観光物産協会／宮崎市観光協会／青島神社／彦島八幡宮／大神神社

●写真クレジット

滝川大貴（口絵ⅰ／口絵ⅱ／口絵ⅲ／口絵ⅴ／p99／p125／p135）、宮古島観光協会（p13上）、公益社団法人山形県観光物産協会（p25上）、公益財団法人宮崎県観光協会（p45）、公益社団法人栃木県観光物産協会（p63）／キロクマ（p91）、写真AC（口絵ⅵ／口絵ⅶ／口絵ⅷ下／p13下／p19上／p33／p37／p41／p45／p53／p67／p71／p103／p105／p131／p139／p147／p148／p159）、PIXTA（口絵ⅳ／口絵ⅷ上、p25下）、Indiana jo（p19下　CC BY-SA4.0）、KEIY.jp（p119上　CC BY-SA 3.0）、Pontafon（p119下　CC BY-SA 4.0）

実話禁忌集　**異怪地録**

2023年6月15日　初版第一刷発行

監修者……………………並木伸一郎

デザイン…………………下田麻亜也

発行人……………………後藤明信

発行所……………………株式会社竹書房

〒102-0075
東京都千代田区三番町8-1
三番町東急ビル6階

email: info@takeshobo.co.jp

竹書房ホームページ
http://www.takeshobo.co.jp

印刷所……………………株式会社シナノ